SIX ESTONIAN POETS

SIX ESTONIAN POETS

Translated by
Adam Cullen
Ilmar Lehtpere, Mari Kalkun & Kristiina Ehin,
Brandon Lussier & Eva Liina Asu-Garcia,
Miriam McIlfatrick-Ksenofontov

Edited and with an introduction by
Doris Kareva

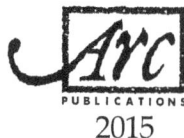

Arc
PUBLICATIONS
2015

Published by Arc Publications
Nanholme Mill, Shaw Wood Road
Todmorden, OL14 6DA, UK
www.arcpublications.co.uk

Design by Tony Ward
Printed by Lightning Source

978 1906570 97 2 (pbk)
978 1910345 04 7 (ebook)

The publishers are grateful to the authors
and, in the case of previously published works,
to their publishers for allowing their poems
to be included in this anthology.

Cover photograph: © Ilvi Liive, 2015

The publishers gratefully acknowledge the grant received from the
Cultural Endowment of Estonia's Traducta programme
to support the translation of these poems.
They also acknowledge the the financial help received from the
Cultural Endowment of Estonia (Literature)
towards the production costs of this book.

Arc Publications 'New Voices from Europe and Beyond'
Series Editor: Alexandra Büchler

CONTENTS

Preface / 9
Introduction / 14

JUHAN VIIDING

Translated by Miriam McIlfatrick-Ksenofontov
Biography / 19

KAUKSI ÜLLE

Translated by Ilmar Lehtpere, Mari Kalkun & Kristiina Ehin
Biography / 37

Six Estonian Poets is the eleventh volume in a series of bilingual anthologies which brings contemporary poetry from around Europe to English-language readers. It is not by accident that the tired old phrase about poetry being 'lost in translation' came out of an English-speaking environment, out of a tradition that has always felt remarkably uneasy about translation – of contemporary works, if not the classics. Yet poetry can be and is 'found' in translation; in fact, any good translation reinvents the poetry of the original, and we should always be aware that any translation is the outcome of a dialogue between two cultures, languages and different poetic sensibilities, between collective as well as individual imaginations, conducted by two voices, that of the poet and of the translator, and joined by a third interlocutor in the process of reading.

And it is this dialogue that is so important to writers in countries and regions where translation has always been an integral part of the literary environment and has played a role in the development of local literary tradition and poetics. Writing without reading poetry from many different traditions would be unthinkable for the poets in the anthologies of this series, many of whom are accomplished translators who consider poetry in translation to be part of their own literary background and an important source of inspiration.

While the series 'New Voices from Europe and Beyond' aims to keep a finger on the pulse of the here-and-now of international poetry by presenting the work of a small number of contemporary poets, each collection, edited by a guest editor, has its own focus and rationale for the selection of the poets and poems.

In Six Estonian Poets the editor, Doris Kareva, presents us with the work of five highly individual poets of the younger generation together with that of one of the most influential figures of their parents' generation, Juhan Viiding, a poet who succeeded in revolutionising the language of Estonian poetry before his untimely death in 1995. In her introduction to this anthology, Kareva asserts that, for the Estonians, poetry has been less a form of entertainment than a means of keeping their language alive, and certainly, the diversity of subject matter and the richness of expression contained within these pages support her claim.

The publishers would like to thank all those who have made this edition possible.

SIX FACETS OF ESTONIAN POETRY

The primordial essence of Estonian poetry could have emerged from the twilight of time, from the depths of bog pools, from the thrilling accord of the sounds of nature – murmurs, roars, shrieks, croaks, caws, the hiss of rain, the babble of streams – from the very source where the highly onomato-poeic Estonian language was born.

To write poetry in a language that has little over one million speakers, many of whom are scattered around the world, is clearly a luxury. And yet this quite unique Finno-Ugric language, surrounded for the most part by Indo-European languages, offers exciting possibilities which connoisseurs of poetry will appreciate and translators relish as a challenge.

The roots of contemporary Estonian poetry extend into the deep layers of Estonian runo-song (*regilaul*) and also draw on the Baltic-German tradition, but the first poet to ask in the Estonian language: "cannot the language of this land / rising to the heavens / in the wind of song / seek eternity for itself?" was Kristjan Jaak Peterson (1801-1822), who died so very young.

Since then, and thanks largely to the wealth of world classics that have been translated into the Estonian language, Estonian poetry has thrived for a couple of centuries and developed into a small but robust tree, whose leaves can practically be taken in at a glance and in whose dense crown are visible all the current trends in poetry. Due to the format of this collection, it is not possible to present more than six branches; these, however, spread out in very different directions. And yet there are other strong branches in the crown of the tree, many fascinating writers who have already been introduced to English-language readers – or who hopefully soon will be.

Alongside Artur Alliksaar (1923-1966), with his magically alliterative sound and language games, is the poet and actor JUHAN VIIDING (1948-1995), who started out under the pseudonym Jüri Üdi and went on to become one of the most influential personalities in the contemporary cultural scene in Estonia. His name has become iconic: in addition to his own work, books and records, there are also collections of memoirs and essays, new recordings of his songs, and even an anthology featuring poets whose work has been influenced by Üdi Viiding; there was also a weekly culture programme on television called the "Jüri Üdi Club" and a play entitled "Assistant Viiding".

Just as Alliksaar exposed the possibilities of language which had until then lain dormant, so too Juhan Viiding altered the prevailing perception and meaning of poetry in the second half of the century; he became a prism of his own era in which different kinds of radiation converged and a new substance was distilled. The intensity of his personality left its mark even on those who only later understood his mocking wit, transmitted as it was by his refined sensitivity or the tragic existentialism of a clear, humanist message. And just as Viiding plucked phrases from everyday speech which he then parodied or paraphrased in texts that struck a nerve in his own day, lines from his poems are still in common use today – alongside proverbs and well-known historical sayings – as if part and parcel of common knowledge.

When Hasso Krull (b. 1964), the highly acclaimed and award-winning poet, essayist and translator, published his first collection *Black and White,* under the pen name Max Harnoon, the impact of its modernity was like a small explosion. From then on, the trajectory of his writing career was turbulent rather than linear, consisting of a series of seemingly unexpected small explosions, which on closer examination still conform to a clear pattern, composing a structure in which every shard reflects the whole – the title of one such collection is *Four Times Four.* Grasping with ease fragments from different philosophical traditions and folklore, anthropology and archaeology, and relying on his inner grammar (be it instinctive or acquired), Krull has woven an epic, a story of creation, out of primordial rhythms and sketched an epoch out of patterns of chaos – a time when stones were still soft. The cosmic web of connections which holds everything in existence together only unfolds on the border of poetry and madness, but Krull in his tricksterish way appears and disappears freely in the mesh – weaving, braiding, binding the texture, making it more pliable. Not idly, but purposefully; this kind of nest construction, mythopoetic bricolage, is meant to support a world at the very least.

Kauksi Ülle (b. 1962) is the most exceptional poet of the collection, if only for the reason that she writes mainly in the Võru or Võru-Setu language. The Võru language (*võro kiil*) is a regional, aboriginal language of South Estonia or the largest dialect of the Estonian language; it belongs to the Finno-Ugric language group and is spoken by at least 75,000 Estonians. Interestingly, the world-renowned Estonian writer Jaan Kaplinski has recently written works in both the Võru language and Russian. Kauksi Ülle has become something of a symbolic figure, an icon of ethno-futurism, the focal point of an ebullient era with its own worldview, currents of literary life, identity issues, conflicts and impassioned debate. Her work is also enlivened by the opposition of lore and history, and the tension between the vowel-harmonic, mystical and earthy Võru language and dry, official written language riddled with anglicisms. For Kauksi Ülle, tradition is not a place from which to borrow motifs for literature; on the contrary, literature itself is a place in which tradition is able to regain influence, in the form of ballads based on regilaul, the prayers of neopagans or juicy slices of life.

Nor does the European, male-centred value system exist for Kauksi Ülle; her world rests on the wisdom of foremothers and the mutual support of the women of the community. It accommodates bold experiment – and if need be, singing together to heal wounds. The joy of creativity and vitality are limitless.

Triin Soomets (b. 1969) appeared on the Estonian poetry scene as a subtly dramatic sovereign, and so she has remained. Her poetry is simultaneously sensual and metaphysical, distinctly neutral and extremely intense, instinctual and aware, quivering on the border of consciousness and its eventual snapping. Already in the titles of her collections – *Sleep Thirst in the Wrist, Thirst in the Machine, Skid Mark, Vein, Raw Material, Out, Hidden Material* – there is a hint of a certain tension, a subdued volatility. The poet often allows language or the mind to speak freely, while remaining majestically aloof. This is precisely how her most enchanting images are born. From one collection to the next, Soomets's work increasingly frees itself of all that is superfluous; it is poetry that is personal and aspires to universality, distinctively hidden material that does not attempt to explain anything or influence anyone in any way – and yet it does just that with its sheer artistic force. As such, it is identified and recognised time and again.

Elo Viiding's (b. 1974) poetry certainly moves in a contemporary key, and yet it stands out clearly and sharply against this background – often confrontationally – like the eye behind the camera. This chosen position lends a certain superiority to her registering of and commenting on what goes on in society that is only seemingly dispassionate. The poet's intonation is often feverishly intense, at the same time the poetic language in all its figurativeness maintains clarity and impeccable self-control. This is poetry that is charged with internal tension, rage and pain, and that cuts through stereotypes and clichés with unflinching irony in order to reach the essential. Using emphasis and the grotesque as framing options, the poet's lens focuses on the many faces of hypocrisy, vulgarity, greed and disregard, while she herself almost always remains behind the frame, hinting at the possibility of being human.

The barrage of Elo Viiding's radical texts, with their deliberate mix of different stylistic registers and modes of expression, can arouse contradictory emotions, but it is always directed at the intelligent reader, prompting creative dialogue.

JÜRGEN ROOSTE (b. 1979), who plunged into the thick of cultural life as a schoolboy, has grown into a kind of figurehead who at first voluntarily and then by default shouldered the burden of the poet archetype with all its excesses and demands. His dionysian poetry is an effervescent mix of raging rock, blues and beat, howl and prayer, lucidity and delirium; he speaks compulsively and passionately, in a confessional tone on behalf of himself, his generation, the whole of mankind and with the incisive and age-old tongue of a child. The romantic rebel that lives in Rooste is compassionate, restless, provocative and somewhat forgetful of himself in his juggling of multiple tasks simultaneously – for in addition to writing poetry, he also writes articles and reviews, organises literary and cultural events, makes television and radio programmes, nurtures young talent and defends all that seems worth defending.

For Estonians poetry has always been more than just poetry, not so much a form of entertainment for a small society as a way of keeping their language alive – a language which throughout history and under the sway of a series of masters has preserved and kept alive their sense of national identity. A resonant and telling example of this is the song festival which takes place every five years and which has earned a place on the UNESCO intangible cultural heritage list as the Baltic Song and Dance Celebration. This is an amazing ritual which for a few days holds the majority of Estonians and foreign visitors alike in a kind of trance – many visitors have never encountered anything of the like before.

Perhaps the twists and turns of history, which left men with little time to spare between upheavals, risings and wars, are the reason why the Estonian singing tradition, originally *regilaul*, was handed down largely thanks to the *lauluemad* – the so-called mothers-of-song, the women who maintained the singing tradition. Likewise, Estonian poetry has from the outset been characterised by a similar prominence of women. It is not by chance that one year after the restoration of Estonian independence in 1991, the new 100-kroon note bore the image of Lydia Koidula (1843-1886), the legendary patriotic poet. Her poignant "My fatherland is my love", the unofficial anthem of Estonia, is always sung at the end of the song festival, bringing tears of silence to the eyes of hundreds of thousands. Nor is it mere coincidence that the text of the theme song of the 2014 song festival, "Touch", was written by Kristiina Ehin (b. 1977), a poet who is already well-known in the English-speaking world.

Estonian poetry is simultaneously a valid contemporary currency and a kind of secret code, a language of elves, known to few. This may explain why it continues to generate interest and excitement and why new translators keep springing up. Perhaps Estonian music and poetry are the golden root of Estonian culture, an empowering plant which stimulates the mind, stirs the heart and gives strength even in the most troubling of times.

Doris Kareva
translated by Miriam McIlfatrick-Ksenofontov

JUHAN VIIDING

PHOTO: © KALJU SUUR, 1977

JUHAN VIIDING was born in 1948. Writing under the pseudonym Jüri Üdi, his poetry first attracted attention when it appeared alongside that of three other unpublished poets in *Närvitrükk* (Nerve Print, 1971). A number of collections followed, establishing him as one of the main influences on poetic language for a whole generation, and in 1978, a comprehensive selection of his work appeared under the title of *Ma olin Jüri Üdi* (I Was Jüri Üdi). As its title suggests, this was Jüri Üdi's last volume, its final sequence introducing 'Poems by Juhan Viiding', the name under which he continued to write for the rest of his life.

Juhan Viiding revolutionised the language of Estonian poetry, his work probably influencing Estonian readers more than any other poet after Gustav Suits, the initiator of modern Estonian poetry.

As well as being a towering literary figure, Juhan Viiding was a professional actor in the Estonian theatre, his roles including Peer Gynt and Hamlet. He also wrote film scripts, and directed and acted in films. He had a very distinctive manner of reading and singing his poetry, as a number of surviving recordings testify.

In later life, Juhan Viiding wrote only rarely, and in 1995, he committed suicide.

Juhan Viiding's poems are here translated by Miriam McIlfatrick-Ksenofontov.

LIHTNE LUULETUS

kord öeldi õnn tuli õuele
ja õu sai õnne täis
õnn tuli siis ka kambrisse
ja kamber sai õnne täis

viimaks õnn tuli sahvrisse
lauta ja aita ka
rõivad veel mahtusid kohvrisse
siis pidi minema

LOETELU

süda kadus ära
suvi kadus ära
mina ei märganud
alguses

mölder kadus ära
tiivad võeti ära
keldri hämaras
valguses

vanaisa vaatas
vanaema vaatas
õnn tuli silmade
sulgudes

isa viidi ära
ema viidi ära
kodu läks ise
ulgudes

SIMPLE POEM

happiness once came into the yard
and the yard was ever so happy
then happiness came into the room
and the room was ever so happy

lastly happiness came into the larder
and the shed and the barn as well
clothes found some space in a suitcase
and then it was time to go

LIST

The heart slipped by
summer slipped by
nothing appeared to
alight

the miller slipped by
the sails were put by
in the dim cellar
light

grandpa watched
grandma watched
joy came to eyes
on closing

father was taken
mother was taken
home went alone
and howling

* * *

on tahtmine taevariik
ja saamine riigi piir

selle maapealse paradiisi
pikk viltune valguskiir

* * *

Mis siin salata, annan alla.
Vahetekk.
Vaherahu.
See on suur mäng väikesel maal.
Olen näinud maad, tundmata mängu.

Väga, kõige rohkem kardan surma.

Siis ei saa enam istuda toolil.
Tean, siis ei saa enam midagi.
Ma tahan väga toolil istuda.
See on hirm. Tule, aita.

KÕNED SISEMAAL

Minu eneselehitsemine on nagu iseenese õnneksvalamine,
nagu paastuõli kallamine laastutulle; see on protsess – ensese
vastu, iseenese poolt.

Kõik, mis teen, on lõputu eelmäng, elusuuruse pildi elu-
aegne joonistamine eluaegses vangistuses, eeltöö sisemaale
jõudmiseks.

Seal, sisemaal, pean pidama need kõned, ühekordsed
kõned vabadusest.

Ja ainult need, kes mind lõpuni kuulavad, on vabad. Neile
annan siis oma vabaduse, mis minust läbi lendas.

* * *

wishing is the kingdom of heaven
and getting is the state border

a long slanting beam of light
of this our earthly Eden

* * *

Why deny it, I back down.
Between decks.
Between bouts.
It's a big game on a small ground.
I've seen the ground, not knowing the game.

Truly, above all, I dread death.

Then you can't sit on a chair again.
You can't do anything at all again.
I so much want to sit on a chair.
This is fear. Come and help.

INLAND SPEECHES

My self-browsing is like a lucky-dip of my own self-cast-ing, or pouring of fasting oil on a kindling fire; it is a process – self-opposing, self-promoting.

All that I do is an endless prelude, the lifetime drawing of a life-size picture in lifetime imprisonment, preparation for reaching inland.

There, inland, I must make these speeches, once-only speeches on freedom.

And only those who hear me out will be free. To them I give my own freedom, the freedom that flew through me.

* * *

Me teeme, teeme ümber oma elu
üht hiigelmüüri inimtihedat.
Ka pikemad ei küüni üle ääre.

Kui mõni sinnapoole väljalangend kivi
on lahkumisel ruumi jätnud piluks,
siis see, kes juhtus välja nägema
on äranähtu nimetanud iluks.
Ta samal hetkel ise läbi nähtud

ja pole kohta, kus võiks tunda häbi ta.
Suur saladus saab tema ainueluks,
tal iseennast au on läbida.

* * *

su südamepuuris on vaikus
ja tuhandeaastane lind
ta oskab aga ei räägi
sest ta armastab sind

* * *

Mis on see luuletaja luule?

See on: kui mõtled elule
        ja millelegi muule.

Mis on see inimese osa
siin laias ilmas?
End mitte ära magada.
Pea seda silmas.

* * *

We make, make up for our life
a huge people-packed wall.
Not even the tall can reach over.

When a stone has fallen outwards,
making way for a gap as it goes,
whoever chanced to see out
has spoken of *la vie en rose*.
Meanwhile he too is seen through

and there is no place for feeling distraught.
A secret is now the only life he knows,
being himself through and through is his lot.

* * *

in the cage of your heart is silence
and a bird of a thousand years
it can but does not speak
for it loves you so

* * *

What is this poet's poetry?

It is: when you think about life
        and something else besides.

What is the human's part
in this wide world?
Not to get slept away.
Keep an eye on that.

ELUKÜSIMUS

Kui ollakse ainult vastu,
ei olda millagi poolt.
Ometi on meil pilved
ja valgus mõlemalt poolt.

Minus on õelad mõtted
õieta, varreta.
Ime, et ainult nenedest
veri ei tarreta.

Meile on palju antud –
ikka oleme nõutud.

Näha seda, mis elav.
On seda palju nõutud?

HOMMIK

Ma mustas öös näen valget laululindu,
kes vahel lendab südameks mu rindu.
Mu südamelt ta nokib raske kivi,
sel tunnil tunnen Nimetuse Lindu.

Ma mustas öös näen valget laululaeva,
ta kohal lindu hoidmas seda laeva.
Ta vahel lahkub minu silmamerre.
Sel tunnil avab Nimetuse Taeva.

Ma mustas öös näen valge küünla sära,
ja lind ja laev on meelest lennand ära.
Ja selles säras ilmub valge hingus,
mis musta öö ja küünla puhub ära.

QUESTION OF LIFE

If people are only anti,
it's no-go for the pro side.
And yet we have clouds
and light from both sides.

Mean thoughts inside me
no bloom, no stem.
Blood might well curdle
just from them.

So much is given to us –
and still we are perplexed.

To see what is alive.
Is that too much to expect?

MORNING

In the black night I see a white songbird,
sometimes it enters my heart unheard.
It pecks the heavy stone from my heart,
that's when I feel the No-Name Bird.

In the black night I see a white song-ship,
the bird holds the ship from on high.
Sometimes the ship glides into my eye-sea.
That's when it opens the No-Name Sky.

In the black night I see white candlelight,
and bird and ship have flown from my mind.
And in the light a white breath appears,
black night and candle are blown aside.

* * *

Ma vaatan kõigi nende inimeste ja asjade peale ja ma un-
ustan ennast vaatama. Loodus on huvitav asi. Talle nagu ei
läheks see üldse korda, mida meie temast arvame. Kui vihma
sajab, sajab ta kõigi peale. Sajab kurja inimese ja hea inimese
peale, anderikka inimese ja teistsuguse inimese peale. Päike
paistab kõigi inimeste peale; pimedate ja nägijate peale. Ja
meie mõtted ei loe midagi, kui välku lööb. Ei loe välgule.
Ma vaatan kõigi nende asjade ja inimeste peale ja mulle
näib, et see kõik on nii puhas ja süütu, et tundub, nagu oleks
see lapsepõlves. See kõik on juba nagu olnud. Muidugi, prae-
gu ei ole minul lapsepõlv, aga kellelegi on see lapsepõlv. Keegi
on praegu laps.
Mina olen Eestis esimest korda. Ma olen siin 1948. aastast. Igal
hommikul avan silmad ja ma võin öelda: milline imeline maa!

* * *

Ma olen inimene. Keset tuba seistes
ja keset päeva, keset toimetust
ma nõnda tundsin. Eneses ja teistes
on palju ühist, väga palju ühist.
Ja kõik me, ühised, me teame seda.
Me teame oma olemise nägu.
On asju, mis ei saagi ununeda.
On elusid, mis o n g i unenägu.

* * *

Midagi, mis ootab leidjat, märkajat, on õhus.
Nii ma kuulsin ühelt naiselt. Ühelt inimeselt.
Alati on ühisjooni taevas, näos ja mõttes.
Läbistavat salapära ei saa maha vaikida.
Seda, et ta on, ma mõtlen.
Miks ma sündisin just siia?
SIIA ilma,
mitte mujale. Kes küll poleks seda tundnud.

* * *

I look at all those people and things and I lose myself look-
ing. Nature is a curious thing. As if it did not care at all what
we think of it. When it rains, it rains on all alike. It rains on
the wicked person and the good person, on the gifted person
and different types of person. The sun shines on everyone; on
the blind and the sighted. And our thoughts do not matter at
all when lightning strikes. Not to the lightning.

I look at all those things and people and to me it is all so
pure and innocent that it seems like childhood. As if all this
had already been. Of course, this is not now my childhood,
but someone's childhood it is. Someone is now a child.

I am in Estonia for the first time. I have been here since
1948. Every morning I open my eyes and I can say: what a
wonderful land!

* * *

I am a human. Here in the middle of a room,
in the middle of the day, in the middle of doing,
that is what I felt. In myself and in others too
there is much in common, so much in common.
And all of us commoners know that.
We know the face of our being.
Some things just cannot be forgotten.
Some lives just *are* dreams.

* * *

Something in the air awaits a finder, a noticer.
So I heard from a woman. From a person.
There are similar traits in the sky, the face and thoughts.
This out-and-out mystery cannot be hushed up.
The fact that it is, I mean.
Why was I born just here?
In THIS world,
not somewhere else? Who has not felt it?

Mul on mure: ma ei suuda, ma ei taha ega tohi
muuta oma eluviisi kõige seesmist osa –
õigemini, ma ei oska. Täpsemini, ma ei julge.
Millal ilmub ainuline, igioma tee
hämarusest nähtavale – – – – –

* * *

Kõrges rohus suures rahus tillukene mees
kuulab aja voolamist, ta pilk on pilvedes.
Suur on suvi, ilm on hele, kõik on alles veel,
aga juba teises rahus – – – – –

Hoopis teises. Ja ta märkab: rohus lamab mees
nagu tume täpp või koma ajapildi sees.

* * *

ilmatäiusesse sulamise püüe
annab tunda ikka jälle
unes ilmsi
kuulen kohinat ja vahel kuulen vaikust
oo kui pikk on tee kui lühike on päev

* * *

Korraks kahju,
et ei tõlku
iga mõiste teise keelde.
Mitmel see võib meeles mõlku.
Kõik on saabuv kõigi meelde,
kõik on antav kõigi keelde.
Tuleks see vaid rutem meelde.
Tuleb, tuleb, kui on aeg.

My problem is: I am not able, not willing, not allowed
to alter the inmost part of my lifestyle –
more accurately, I cannot. More precisely, I dare not.
When will the only, ever-own way
emerge from the dark – – – – –

* * *

In the long grass in a great calm a tiny man
listens to the flow of time and eyes the clouds.
Summer is great, the sky is bright, all is still there,
but already in another calm – – – – –

Utterly other. And he notices: in the grass lies a man
like a dark dot or a comma in a picture of time.

* * *

the attempt to melt into world perfection
makes itself felt every so often
asleep or awake
I hear the hum and sometimes the silence
oh how long is the way, how short is the day

* * *

A tiny regret
that not every notion
translates to another tongue.
This sets many thoughts in motion.
Everything enters everyone's head,
everything fits every tongue.
If only it came more quickly to mind.
It will, it will, in its own time.

* * *

Kõik teed on ikka viimas sinna,
mis rahvail ühine.
Kas rahvastel, inimestel
või kõiksuse osakestel.
Ära sa ära sõna.
Ära nimeta ära.
Juhtuda võib, et sõnad
võetakse seestki ära.

PILT

Jää oma piiridesse, pilt,
ja ära purusta ta raame.
Kõik sügavused on su sees
ja kord me näha saame.

Ei ole pääsu tasapinnast,
mis ruumiline, kauge, ligi.
Kõik salaohked minu rinnast
on avalikud ometigi.

Ei ära tükkideks end katku –
ei pane keegi enam kokku.
Me läbi hävingu ja huku
kord selles pildis saame kokku.

Jää oma raamidesse, pilt,
ja ära purusta ta piire.
Sa ilmud jälle kusagilt
ja tehes maagilisi tiire
see sinu tuum, see tulikuum,
ei põleta, vaid paitab.

See puhas, puutumatu ruum –
ta aitab.
Nüüd aitab.

* * *

All paths still lead there,
the place nations share.
Be it nations, people or
particles in the universe.
Don't utter a curse.
Don't conjure a name.
Even innermost words
may meet their endgame.

PICTURE

Stay inside your bounds, picture,
and do not break the frame.
All depths are there within you
one day we will see them plain.

Nothing escapes from the surface,
be it three-D, near or far.
All the secret sighs in my breast
are public nonetheless.

No, do not tear yourself to bits –
no-one will piece you together.
Somewhere amid bleakness and blitz
this picture will bring us together.

Stay within your frame, picture
and do not break the bounds.
You appear again from nowhere
and making magic rounds,
your very nucleus, hot as Vesuvius,
does not scorch, but strokes.

This pure pristine space –
it's a help.
Help yourself.

KAUKSI ÜLLE

PHOTO: © JURI J DUBOV, 2015

Kauksi Ülle is the central figure of the South Estonian regional movement, a writer in, and promoter of, the Võro dialect of southern Estonia.

She was born in Võru in 1962, grew up in Võrumaa and studied journalism at the University of Tartu. She made her debut in 1987 with *Kesk umma mäke* (On Top of a Hill of One's Own) and was immediately recognized as a distinctive voice, forthright, direct and removed from the soft romanticism of the countryside. At the core of her poetic output is a series of ballads, many of which are based on old songs or fairy tales, written in an ascetic, syllabic style.

As well as poetry, Kauksi Ülle has published novels, short stories, plays, film scenarios and a primer of the Võro language for local schools. She also writes for children.

Kauksi Ülle has worked for the Finno-Ugric People's Information Centre, and as a manager of the Centre of the Kindred Peoples in Tartu. She has organized conferences, seminars and meetings in Estonia and abroad in order to establish contacts between the Uralic-speaking ethnic groups.

She lives in south-east Estonia, in Obinits, Setumaa.

Kauksi Ülle's poems here are all translated by Ilmar Lehtpere and Mari Kalkun except where noted.

* * *

Vanaimä lehmä nüsmäst
tullõh ütel':
– Tütrik, mineq,
ku süä kuts,

ütte piät
ütskõrd uskma.

olt sa nännü
et õhvak pulli
mimemä pusksas.

Ütskõrd elät,
ütskõrd sünnüt,
arm nigu surmgi
võtt nigunii… –

SÄNGÜJUTT

Ütel' miis:
– Naanõ, mu naanõ,
las meil tulõ poig.–

Naanõ vasta:
– Miis, mu miis,
ei tahaq, et meil poig tulõ. –

Miis pallõl':
– Naanõ, naasõkõnõ,
las tütär tullaq. –

Naanõ vasta:
– Ei tahaq tütärt,
miis, mu miis. –

Miis imest':
– Naanõ, mu naanõ,
tahat kõkkõ kõrraga?

* * *

Grandmother came from milking the cow
and said,
– Go, girl,
if your heart is calling,

you'll have to put your trust
in just the one some day.

Have you ever seen
a heifer push
a bull away.

You live just once,
you're born just once,
love like death
will take you anyway… –

translated by Ilmar Lehtpere and Kristiina Ehin

PILLOW TALK

The husband said,
 – Wife, my wife,
let's have a son. –

The wife in answer,
 – Husband, my husband,
I don't want to have a son. –

The husband pleaded,
 – Wife, my dear wife,
let's have a daughter. –

The wife in answer,
 – I don't want a daughter,
husband, my husband. –

The husband marvelled,
 – Wife, my wife,
Do you want both in one go? –

Nannõ vasta:
– Miis, mehe mu,
ei tahaq kedägi. –

Küsse miis:
– Mille poiga ei tahaq,
naanõ, mu naasõ?
Poig äestäs ja väetäs,
võtt vanutsis päivis
sullõ minijägi appi.
Naanõ, mu naasõ,
ma poiga taha. –

Naanõ ütel':
– Tassa, miis, tassa.
Poig meile ei jääq,
pujaq ammust aost
kroonu kokko kořanu,
pujaq poigõ vere valanu.
Tassa, miis mu, tassa. –

Miis vasta:
– Naanõ, naasõ mu,
lillihäidseq, ku
olõssi tütär meil
vanutsis päivis.
Sirgõ ja sille,
virgõ ja välle. –

Naanõ vasta:
– Ärq kõnõlgu, miis,
olõq tassa, miis,
seo ilma sõda tütritki jätä eiq! –

Miis mõtõl':
– Naanõ, naanõ – ütel'
– vanast peläti, et naabritśura
tütre võtt ja
egä õdak kaeti,
kas ei olõq äkki joba kõtt.
Saiq sõski tütreq tettüs,
mehel pant,

The wife in answer,
– Husband, my dear husband,
I don't want either. –

The husband asked,
– Why don't you want a son,
wife, my dear wife?
A son will harrow and manure,
even take a daughter-in-law for you
to help in your old age.
Wife, my dear wife,
I want a son. –

The wife said,
– Quiet, husband, quiet.
A son won't stay with us,
since days of old
sons have mustered armies,
sons have spilt the blood of sons.
Quiet, my husband, quiet. –

The husband in answer,
– Wife, my wife,
flower blossoms, if
we only had a daughter
for our old age.
Smooth and slender,
bright and brisk. –

The wife in answer,
– Don't talk, husband,
be quiet, husband,
the wars of this world don't even leave girls alone! –

The husband thought,
– Wife, wife – and said,
– in the old days people feared the neighbour's son
would take their daughter and
every evening they looked
to see if her stomach was growing.
Yet daughters were still being made
and married off to men,

siaq pujaq sigitet
ja sõtta ant. –

Naanõ vasta:
– Miis, mu miis,
ku kavva sängün
kõrvuisi sa ollaq võit… –

Miis vasta:
– Kallis naanõ, muq…
no muiduki ei voiq… –

Peräotsah jäigi mehe võit.

LEMMELEHT

Kuu kumõnd'
mõts tumõnd'
kiidsaht' kiik
helgäht' tiik

lemmeleht
täüs kasunu vii
häidset näidsik
kuts

tulõq siist
üle vii
võtaq minno
ja viiq

lemmeleht
nigu liik
ei virvendäq
tiik

mille iist
mis ant

sons being begot
and sent off to war. –

The wife in answer,
– Husband, my husband,
how long can you
stay beside me in bed… –

The husband in answer,
– My dear wife, my…
of course I can't… –

In the end the husband won after all.

LEMMELEHT[1]

The moon was glowing
the forest darkening
the swing creaking
the pond shimmering

the *lemmeleht*
in the overgrown water
its blossom calls
a maiden

come from here
over the water
take me
and bear me

the *lemmeleht*
seemed to move
the pond did not
ripple

what will be given
in return

[1] The *lemmeleht* is a mythical plant in southern Estonian Seto folklore.

nõudaq mõist
lemmeleht
tiid tingiq taimõkõnõ
arvõstaq auhain

näidsik närvetäs näost
aga lemmeleht palas
korvusi tähega
lumbin

näidsik pallõs
lemmeleht palas

saa lubatus
helmi ja krõllõ
ja paatrit ha preese
ja süäme kotsilt
sõlg
aga lemmeleht
püsüs vakka
timä lehe all
kunn
kõgõs kruuks

saa lubatus
esä atra
vele hobõst
ja sõsara vokki
imä Maasikut Lehikut Lillikut

ja väikeist Muud
ja vanaimä
kangaspuud

ei liigahtaq
lemmeleht
timä nõud muud
timä kumas ku päiv
timä kelläs ku kell
näidsik pallõs
ja kerjäs ja
                kuts

it knows how to make demands
the *lemmeleht*
the plant knows how to haggle
the dawn grass to reckon

the face of the maiden wilts
but the *lemmeleht* burns
side by side with a star
in the pond

the maiden pleads
the *lemmeleht* burns

promises to give
jewellery and silver beads
pendants and brooches
and from over the heart
a clasp
but the *lemmeleht*
stays silent
under its leaf
a frog
just croaks

she promises to give
her father's plough
her brother's horse
her sister's spinning wheel
her mother's cows Maasik Lehik Lillik

and little Muu
and grandmother's loom

the *lemmeleht*
doesn't move
demands something else
it glows like day
it rings like a bell
the maiden pleads
and begs and
                calls

avita-i üts
    ei tõnõ

ja tassa tuu lemmeleht ütel'
    – lupaq kodu
    kodu lupaq
    mis muud
lemmeleht liigaht'
virvõli vesi

ja lubaś kodu

oll'gi lemmeleht
ligi tä suud
all süäme
ja pääle pää

a kodu lännü
järv jäänu
näidsik
pääast haardsõ
aruhaina
süäme alt
kraapsõ tarka taimõ
suu päält
tsahmaś lemmelehte
inämb aruta-s aruhain
liigahta-s lemmeleht

kodu oll' lännü
järv oll' jäänü

parts prääks
ja kunn kruuks

no help to be found
             anywhere

and quietly the *lemmeleht* says
             promise me your home
             your home promise me
             nothing else
the *lemmeleht* stirred
the water rippled

and she promised her home

and the *lemmeleht*
was near her mouth
beneath her heart
and on her head

but her home was gone
the lake was left
the maiden
tore fescue from
her head
from beneath her heart
scraped the knowing plant
from her mouth
she struck the *lemmeleht*
the fescue didn't argue any more
the *lemmeleht* lay still

her home was gone
the lake was left

a duck quacked
and a frog croaked

* * *

Miä maq tütreq teile ütle
ku maq esikiq ei tiiäq
miä um hää
vai kiä um parõmb

kas last pettäq
hüdsesilmist
vai last tuimal
pessä viiäq

kas last hulgal üle kävvüq
murrut kulut narmõndat
vai jäät ütte õigõt uutma
seeniniq ku närvehtät

miä maq tütreq teile ütle
egäq tiiq ei küsükiq
imä om teil pettäq lasknuq
hinnäst ilma armuldaq

esä jätt' muq hällüpõlvõh
miis läts̀ tütär rõnna man
armastus kah lask hindä
kaasavaras äräq kandaq

verrev hius um hallis lännüq
hambaq vällä kaksaduq
kõgõs süä ei tahaq kooldaq
iks viil luut ilmostsaldaq

miä maq tütreq teile ütle
ei saaq oppiq raamatist
ei saaq tarkust minu käest
ei olõq koskil miskit kirän
ei oppaq ütski ini sul

ei kaardiq leheq keriguq
sõbraq filmiq üriguq

* * *

What will you tell my daughters
when I don't even know
what is good
or who is better

whether to let yourselves be beguiled
by wolves' eyes
or let yourselves be carried off
for a beating by a lout

to be walked on by the masses
to break to wear out to fray
or stay on and wait for the right one
till you finally wilt away

what will I tell you my daughters
for you will never ask me
your mother has let herself
be deceived mercilessly

father left me in my cradle years
my husband left and daughter at my breast
love too let itself be taken
for a dowry far and wide

my red hair has gone grey now
my teeth have all been pulled out
only my heart doesn't want to die
it still hopes eternally

what will I tell you my daughters
you can't learn anything from books
you can't get any wisdom from me
it isn't written down anywhere
not a single dream will teach you

not cards not papers not churches
not friends not films not charters

miä maq tütreq teile ütle
talv um külm ja kevväi petlik
kandkõq sallõ sukkõ kindit
ärkiq külmätäge hindit
söögeq suppi leibä praati
armastagõq kui tiiq saati

* * *

Jummal hoidku toda näido
Maarja kaitsku toda kapo
kiä piät elämä miiq aigu
ärq värmitäs täl hiusaq
mahaq lõigatas kossakõsõq
toonitõdas tukakõnõ
ärq rikutas klaariq näoq
puna puistatas palgõlõ
sinet säetäs silmä pääle
kidsutassõ kulmukõisi
ümbre tetäseq rõnnakõsõq
kellel pall'o pantas pääle
kinkal liiga lisatassõ
silikooni süstitässe
rasvakihti imetässe
tselluliiti haetassõ
ärq lõigatas kindsukõsõq
tagaotsaq tahvitsõdas
ei jääq kotust tugõdagiq
ei jääq perst peeretäq

* * *

Sjoo illos hummuk
tulnuq kimmäh haardõh
õrnah olõmiseh
tasaligult hällüh

what will I tell you my daughters
winter is cold and spring deceptive
see that you wear a scarf socks and mittens
eat soup and bread and roast meat
love if you are at all able

* * *

May God keep the very girl
may Mary guard the very maiden
who has to live in our times
colours put into her hair
her tresses cut off altogether
toner put into her fringe
clear faces made a mess of
red strewn upon her face
blue laid upon her eyes
eyebrows plucked to slenderness
breasts are even rearranged
more is put on her with plenty
excess even added on to
silicon injected in
layers of fat are sucked out
cellulite is stripped off
haunches hewn and backside hacked
nothing left to lean upon
no arse left to fart from.

* * *

This lovely morning
has come with a firm grip
in its delicate being
gently in its cradle

kas jäät

tsirgukuur om herätäjä
uibuhäelmüh elo kiis

kas jäät

sa rõivilõ jälq sisse astut
ja trepist alla läät

kas jäät

ma üles tulõ
tütriid herätä
ja astu
uibuaida valõhusõ kätte

Sa lõõtsa tõmbat
aidatrepi pääl

kas jäät

kas tõtõstõ om võimalik
et om nii hää

       * * *

Kassil üteldäs säidse ellu
ja nõial ütessä hinge
vai naasel katõssa kavalust
vai hussil ütessä ellu
vai hiiul ütsä mehe joud

aga Sinul
mus valitul hoietul
vabal ja pöörätsel
uidu ärätegijäl
tüdrikide tandsutajal
naisukõisi naarutajal
mässäs rinnuh
Ütsä Mehe Süä

will you stay

a choir of birds does the waking
life is bubbling in the apple blossoms

will you stay

you step into your clothes again
and go downstairs

will you stay

I come upstairs
wake up my daughters
and step into the light of the apple orchard

you play the accordian
on the granary steps

will you stay

can it really be
so good

* * *

A cat is said to have seven lives
and a witch nine souls
a woman eight shrewdnesses
a snake nine lives
a giant the strength of nine men

but in you
my chosen one held dear
mad and free
bewitcher of minds
who sets girls dancing
women laughing
there rebels in your breast
the Heart of Nine Men

vaihõl ku säidse naist
palavide silmigaq
sööväq katsandat
su kässi vaihõl
jovvat viil
mull hiitäq

kuuma hõhkavat kaehust
mis korgõlõ nõst lakõ
vai madalas vaotas maad

IMMIIMMI JA IMMI TERETÄMINE

Tereq immiimäkene
hüä ürgeidekene
kõgõ ilma aloh hoitja
lämmä valgõ jaotaja
Sinolõ miiq kumardamiq
sõlma sullõ valgõq langaq
kutsu Su väke putru kiitmä
miiq pudrul väke andma
kõgõ ilma edendüses
esiq pudrust suutäüt maitsma

Tereq tereq Tulõimä
olõq terveq Tulõeite
Sino iih miiq kumardõllõ
kiä Sa olõt valgust andnuq
ei olõq meile lämmind kjiildnüq
lasõt rutust ruuga kiitäq
ello kaidsat külmä käehki
köüda Sullõ verevä langa
kutsu Su väke putru kiitmä
miiq pudrul väke andma
esiq pudrust suutäüt maitsma

Tuulõeit Sa eidekene
tuulõvalla valitsõja
viläkesele vihmatuuja
palvõkõisi kätteviijä

sometimes when seven women
with fiery eyes
eat the eighth
in your arms
you still manage
to cast at me

a hot sighing glance
that lifts me up to the ceiling
or presses me down to the ground

GREETING TO MOTHERS AND MOTHERS' MOTHERS

Greetings to the mother of mothers
to the kindly primal woman
who keeps all the world alive
spreader of both warmth and light
it is to you that we bow
tying lengths of white yarn for you
call your power to make porridge
and give power to our porridge
for the good of all the world
take a mouthful of the porridge

greetings to you Fire Mother
be well you Woman of Fire
it is to you that we bow
who has given light to us
has not kept the warmth from us
lets the soup be quickly cooked
keeps life safe even in cold
we tie a length of red yarn for you
call your power to make porridge
and give power to our porridge
take a mouthful of the porridge

Woman of the Winds woman
ruler of the winds' domain
bringer of rain to growing crops
and the answerer of prayers

Sullõ miiq noq kumardamiq
köüdä Sullo sinidseq pailaq
kutsu Su väke putru kiitmä
miiq pudrul väke andma
esiq pudrust suutäüt võtma

Vii-imä imäkene
kiä Sa muidu mereh elät
niisama ka maa seeh
kost Su lätteq vällä juuskvaq
jõõkõsõq merde juuskvaq
Sinolõ miiq kumardamiq
köüdä Sullõ sinisiidiq
kiä Sa maa tiit eloandjas
kutsu Su väke putru kiitma
miiq pudrul väke andma
esiq pudrust suutäüt võtma

Mõtsaimä imäkene
kiä Sa meile varju annat
meile lämmind ruuga annat
puuq iks puuq iks helläq velleq

Maŕaimä imäkene
kiä Sa kingit kütseq maŕaq
magusambaq makõq tśaugaq
Sinolõ miiq kumardamiq
köüdä Sullõ hall'aq pailaq
kutsu Su väke putru kiitmä
miiq pudrul väke andma
esiq pudrust suutäüt võtma

Maaimä imäkene
kiä Sa ello maalõ annat
kiä kõik villä kandma panõt
Sullõ miiq noq kumardõllõ
Sullõ köüdä kõlladsõq pailaq
kutsu Su väke putru kiitmä
miiq prudrul väke andma
esiq pudrust suutäüt võtma

it is to you that we bow
tie a length of blue ribbon
call your power to make porridge
and give power to our porridge
take a mouthful of the porridge

Mother of the Waters mother
whose home is out in the sea
and as well inside the land
that your wellsprings run out from
little rivers to the sea
it is to you that we bow
bind for you blue-coloured silks
you who make the land give life
we call your power to make porridge
and give power to our porridge
take a mouthful of the porridge

Forest Mother mother dear
you who gives us shade and shelter
gives warm food to nourish us
trees always trees always bright brothers

Berry Mother mother dear
who gives us the gift of berries
sweetest of the sweetest bunches
it is to you that we bow
bind for you green-coloured ribbons
call your power to make porridge
and give power to our porridge
take a mouthful of the porridge

Earth Mother mother dear
who gives life to all the earth
who makes all the crops flourish
it is to you that we bow
bind yellow ribbons for you
call your power to make porridge
and give power to our porridge
take a mouthful of the porridge

Viläimä imäkene
eloh hoitja kasvataja
kiä Sa kohilah mullah elät
siimne uma rüppü võtat
viläkesel kasvu annat
Sinno miiq noq kumardamiq
köüdä Sullõ kõllast langa
kutsu Su väke putru kiitmä
miiq pudrul väke andma
esiq pudrust suutäüt võtma

Kaŕaimä imäkene
kaŕahoitja sigitäjä
kiä Sa saadat katsiktallõq
põrsaq põhku püherdämä
lehmil vasiguq märäl varsaq
kassõl pujaq nurru lüümä
kutsiguq kõik kilgutama
Sinolõ miiq kumardamiq
köüdä Sullõ pailakõisi
kutsu Su väke putru kiitmä
miiq pudrul väke andma
esiq pudrust suutäüt võtma

Immi immi imäkeseq
kõik miiq esiimäkeseq
teile kumardamiq maaniq
teile hiidä suurõ teno
kiä tiiq immi tahaq tahiq
sigitit meid siiäq ilma
teile köüdä valgiid langu
kutsu tiiq väke putru kiitmä
miiq pudrul väke andma
esiq pudrust suutäüt maitsma

Harvest Mother mother dear
keeper of life nurturer
living in the loose soil
you take seeds into your womb
give growth to the little crops
it is to you that we bow
binding yellow yarn for you
call your power to make porridge
and give power to our porridge
take a mouthful of the porridge

Herd Mother mother dear
keeper of the herd conceiver
who delivers twin lambs
piglets rolling in the straw
calves to the cows foals to the mares
purring kittens to the cats
puppies yapping all at once
it is to you that we bow
binding ribbons for you
call your power to make porridge
and give power to our porridge
take a mouthful of the porridge

Mothers of mothers of mothers
all of our foremothers
we bow down to the ground to you
in great gratitude to you
who wanted to be mothers here
brought us into this world
we tie lengths of white yarn to you
call your power to make porridge
and give power to our porridge
take a mouthful of the porridge

HASSO KRULL

PHOTO: © JURI J DUBOV, 2015

HASSO KRULL was born in Tallinn in 1964, studied Estonian philology at the Tallinn Pedagogical Institute and obtained his master degree in 1998 with a dissertation on translating Jacques Lacan's psychoanalytic theory.

Hasso Krull's first poetry collection was published under a pseudonym in 1986, and was followed by two collections in his own name, *Luuletused 1987-1991* (Poems 1987-1991, 1993) and *Trepp* (Stairs, 1996), both of which attracted a great deal of attention and comment. His three subsequent collections, *Kaalud* (Scales, 1997) created with the photographer Toomas Kalve, *Jazz* (1999) and *Kornukoopia* (Cornucopia, 2001), were similarly received. His most recent collection *Neli korda neli* (Four Times Four, 2009) won him the poetry award of the Cultural Endowment of Estonia. A highly-regarded translator, he has translated, among others, Paul Valéry, Allen Ginsberg, Sylvia Plath, Pablo Neruda, Michael Ondaatje, Sujata Bhatt and Tapani Kinnunen. He also runs *Ninniku*, an internet periodical focusing on translation, which he founded with the poet Kalju Kruusa in 2001.

Hasso Krull not only specialises in post-structuralism and psychoanalysis, but also writes on history, politics, art films and philosophy. He lectures at the University of Tallinn, and has won an award for teaching.

Hasso Krull's poems are here translated by Brandon Lussier & Eva Liina Asu-Garcia.

* * *

olemine, ja tundmine, ja olemine, ja tundmine
ja ei midagi rohkemat ainult arvestus

kui kaua see kestab nii et oleme ja tunneme
ainus võimalus on et see kestab nii lõputult

soe ilm ei kesta lõputult
aga sooja ilma tundmine kestab

muidu see oleks ammugi lõppenud
ja kui ta lõpeb siis igaveseks

ja igavik on ju üks teine
lõpmatus mis seob meie silmad

uuesti kokku ja paneb nad silmade sisse
ja sellega on igavik lõppenud

KORNUKOOPIA

üks jumal oli veel väike
ja kiskus kõiksugu asju
uudishimu pärast murdis ta
imetava kitse sarve

emast sai ükssarv
ja jumala pihku jäi koopia
sealt voolasid piima ja nektari jõed
mett tilkus tammetüvedelt

üks seen puistab välja
kõik oma eosed
ja klaasile jääb tema koopia

igas suunas hargnevad kiired
keset valevat sõõri
suur must kosmiline auk

* * *

To be and feel, be, feel,
nothing more but to consider

how long it will last, so we are and feel
no choice but for it to last indefinitely

warm weather won't last indefinitely
but the feeling of warm weather lasts

otherwise it would have ended long ago
and when it ends it will be forever

and eternity is but another
infinity that binds our eyes

together again and places them in our eyes
and with that, eternity's end

CORNUCOPIA

one god was still small
and tugged at all kinds of things
out of curiosity he tugged at the horn
of a lactating goat

mother became a unicorn
and a copy remained in god's hand
leaking rivers of milk and nectar
honey dripped from oak stems

one mushroom issues
all its spores
and on the glass his copy remains

rays branching in every direction
a big black cosmic hole
surrounded by the luminous circle

MODERN DISCOURSE

Vanasti oli inimestel selge ja kindel maailmapilt.
Ei hakatud uuesti jalgratast leiutama,
sest juba Buddha ütles.
Ja Kristus ja Muhamed ja Aristoteles.
Juba Konfutsius käskis kõigil
vasaku näopoole ette pöörata.
Lapsed jõid piima, kasvasid nagu taimed,
naine tegi köögis süüa.
Valitses tugevama õigus.
Kellegil polnud kuhugile kiiret, polnud ruttamist
ega masinate mürisemist,
viina oli, karskust oli.
Juba Hegel ütles.
Juba Goethe ütles.
Suurem ei tohtinud väiksemale liiga teha.
Võideldi mees mehe ja naise vastu.
Igaüks peab iga päev
vähemalt viis mintsi mediteerima.
Vanasti elati looduses, elati harmoonias,
kord oli majas.
Oh aegu, oh kombeid, oh üldinimlikkust!
Oh loomulikkust!
Ainult kristlus on eetiline.
Kui saaks selle aja kordki tagasi,
võiks või vabrikusse tööle minna.

         * * *

Vanadus, vanadus, vanadus…
väike õrnuke, arenemata roos.

Kas tunned siis teda… su palged…
pikad jooned, jäljendamatud, vaigistamatud.

Sule laud. Pehastu. Vaata kahele poole.
Oli marrastus. Markeeritud.

MODERN DISCOURSE

In the past, people had a clear and stable world view.
They didn't begin to reinvent the wheel,
because the Buddha had already spoken.
And Christ and Muhammad and Aristotle.
Confucius had already ordered everyone
to turn the left cheek.
The children drank milk, grew like plants,
the woman cooked in the kitchen.
The law of the stronger ruled.
No one was in a hurry, there was no rush,
or grumbling of machines,
there was vodka, there was abstinence.
Hegel had already spoken.
Goethe had already spoken.
The greater were not allowed to do the lesser wrong.
Man fought against man and woman.
Every day everyone should
meditate for at least five minutes.
In the past, people lived in nature, lived in harmony,
there was order at home.
Oh the times, oh the customs, oh over-humanity!
Oh naturalness!
Only Christianity is ethical.
If only it was possible to go back,
one could even work in a factory.

* * *

Old age, old age, old age…
small, frail, undeveloped rose.

Do you feel it… your face…
deep lines, inimitable, unsilenceable.

Closed eyes. Putrescence. Look both ways.
An abrasion. Marked.

Nii nagu õhk, kui ta kohtub veega,
silmad valelikud, varjutatud.

Üha mälestuse lõke kõrgel õhus,
üha nimetused ja nägemused.

Viirastub uni, mis jäi pooleli; peegeldub algus,
veeritud, vägagi vaga.

Ühendus pole katkend. Ühendus on ühendatud.
Rinnastub ühega vähemalt.

Kui vaid silmad nii korduvad poleks.

* * *

Pimedus. Jää peal on tuul
ja tuule sees vesi, tormituulevesi vastu silmi,
vastu nägu, vastu vahtimist. Komberdan nii aeglaselt
läbi tuule, otsekui läbi metsa, läbi tihniku, läbi
puude (need kaks on muutuste raamatus sama märk),
otsekui unesnõiduja teel kauge tähe poole
pimeduses. Jää aga läheb aina libedamaks,
tuuleveega uhutud, lihvitud, siledaks poleeritud,
muhklik ja mügarlik, aukude, loikude, lompidega,
kui ilmuks täiskuu, sillerdaks see siniselt, briljantselt,
sädelev teekond. Aga täna on nii pime, jää
peal on tuul ja tuule sees vesi, ma näen väga vähe,
taarudes, vankudes, koperdades, komistades liigun ja
kõigun tuule käes nagu talvine laev, nagu mänd,
kuusk, vaher, haab, saar, ükskõik milline puu,
terve mets, kui ta kihutab vihinal läbi tuule
ja tormi ja vee, otsekui unesnõiduja
teel läbi kihiliste maailmade kauge tähe poole
pimeduses.

Like air meeting water,
overcast deceitful eyes.

Increasingly the bonfire of memory high in the air,
increasingly names and visions.

An unfinished dream appears; the beginning
spelled out letter by letter, perfectly devout.

The link goes unbroken. The connection is made.
Or at least corresponds with one.

If only eyes were not so constant.

    * * *

Darkness. Wind on the ice,
water in the wind, storm windwater in my eyes,
on my face, blinding. I move slowly
through wind as though it were forest, thicket,
trees. Wind and forest
are represented by the same character in the Book of Changes,
a shaman of dreams on a road toward a distant star
in darkness. Ice, washed by windwater,
grows slippery, rubbed, polished smooth,
smoothed bumps and knobs, holes, puddles, pools –
if the full moon appeared, it would be blue, brilliant
as the shining road. But today is dark. Wind
on ice and water in wind, and I see little
as I stagger, sway, stumble, move
and rock in the wind like a winter ship, like a pine,
spruce, maple, aspen, ash,
a whole forest rushing whistling through wind
and storm and water, like a shaman of dreams
on the way through layered worlds toward a distant star
in darkness.

* * *

Keel. Käib suust sisse ja välja,
aga kus on tema koht? Kuidas saab
sinna? Keele juurde,
sõna
väga otseses
mõttes,
juuresse, juure sisse,
selle juure otsad lähevad järjest peenemaks
ja saavad lõpuks otsa, kui otsad
saavad otsa,
eks ole
see otsa
ots? Keeleotsa,
see ei tunne õieti maitset,
seal otsas on midagi täitsa mittemidagi-
ütlevat, kui nii võib öelda,
üks punkt, bindu, selle otsas
on
otsad otsas, ilmotsata
palju algab keelest. Aga kummast otsast
seda arutada? Harutada, keel
on terav ja teeb järjest uusi
arusid, harusid, sealt edasi algab maailm
ilma maa-
ilmata maailmatuma
vägevasti, küüned kasvavad
sissepoole, keel aga käib suust
sisse ja välja
ega ole asigi?

* * *

Sõlm. Sätin ühe otsa
teise peale, siis tõmban teise
esimesest üle, silmuse keskele.

See sarnaneb lehtedes puu
kujutisega.

* * *

Tongue. Moves in and out of the mouth,
but where does it belong? How can one
get there – to a tongue,
literally, to the root,
into the root?
The ends of the root become gradually thinner
and finally end. When the ends
end,
isn't it
the end of
the end? The end of a tongue
must taste like something,
but it is meaningless to say
that one point, the bindu at the very top,
is the end
of ends, the endless amount
begins with the tongue. But from which end
to unravel it? Unravelled, a tongue
is sharp and keeps making new
sense, branches. From then on the world begins
without the world, enormously,
powerfully,
the nails grow
inwards, a tongue just moves in
and out of the mouth.
It is nothing.

* * *

Knot. I arrange one end
on top of the other then pull the second
over the first, forming a noose in the centre.

Its shape resembles a tree
in leaf.

Nüüd keeran silmuse alla,
esimese otsa peale. Tekib midagi
liblika sarnast.

Tõmban silmuse koomale, see on
lagendik suure kiviga.

Astun lagendikule. Siin on palav,
päike paistab lagipähe, heinakõrred
on kollased, tuul lõhnab. Ma tulen
kivi juurde, ronin üles ja istun
kivile. Rahulik õhtu. Lagendiku servas
üks lehtedes puu, liblikas lendab
karglikult, hüplikult läbi õhu,
nagu joonistaks sõlme, õhku, terve
rea sõlmi, üks teise kõrvale, kuni
ta äkki sööstab üles ja tõmbab aasad

kokku. See on nöör-
redel. Tuleb ette-
vaatlikult sätti-

da jalg silmusesse, veda-
da end üles möö-
da sõlmedest treppi

ja vaadata alla alles viimase sõlme
pealt. See pole Wittgensteini redel. See on
liblika redel. Kerin ta kokku ja pistan
taskusse, alles nüüd olen sõlmiline,
alles nüüd olen sõlmest lahti,
alles nüüd olen liblikas, alles
nüüd ma magan.

* * *

Lutikad. Elasid madratsi sees,
küttima tulid nad öösel, pimeduse teki all,
pugesid õmbluste vahelt välja
ja liikusid sihile kindlameelselt, vankumatult.

Then I twist the noose downward
on top of the first end. Something resembling
a butterfly emerges.

I draw the noose closed. Here is
a clearing with a large rock.

I step out into the clearing. It is hot,
sun shines down on my head, the wind is scented
by the yellow stalks of hay. I reach the rock,
climb up and sit. Peaceful evening.
At the edge of the field,
one tree is in leaf, a butterfly flies
as if drawing a knot in the air,
a whole row of knots, one after another, until suddenly
it darts up and pulls the eyelets
together. This is a rope

ladder. You have to carefully
set foot
in the noose,

draw yourself up
along the steps of knots
then look down from the top

of the final one.
It is not Wittgenstein's ladder. It is
the butterfly's ladder. I roll it up
and put it in my pocket. Only now am I knotted.
Only now am I untied.
Only now am I a butterfly. Only now
do I sleep.

* * *

Bedbugs. Lived in the mattress
and came out to hunt at night under the blanket of darkness.
They crept out through the seams
and moved toward their object, determined, unfaltering,

Vankumatult objektile. See oli igal ööl sama,
soojad kehad linade vahel, mõnikord
teineteise vastu liibunud, niisked, kleepivad,
mõnikord rahutult liikuvad, visklevad,

mõnikord vaiksed avarad maastikud
puhkamas kuupaistel. Kusagilt tee pealt
kostis vahel autode vaibuvaid hääli
lahtisest aknast, tuul võis kahistada puudes

ja keegi võis hüüda lagedal platsil
paneelmajade vahel. Kõik see kuulus orgaaniliselt
objekti koosseisu. Vahel tulid nad varakult
voodisse, rääkisid, kallistasid, suitsetasid,

vahel hommikupoole ööd, kui kõik olid
tööks valmis, rutakalt, rabeledes, siis äkki
varisesid unne nagu sõdurid.
Tapeet rebenes seinalt, põrandalt koorus värv.

Aga iga kord uudishimu. Iga kord see
lõhn. See skanneeriti kohe, juba enne
objekti moodustumist, juba oli teada tänane
vere koostis, nümfid värisesid erutusest,

valmis ajama juba viiendat kesta,
vanad lestad hakkasid liigutama, laiad
astmelised kilbid õõtsumas rütmiliselt,
see oli pidu, peo algus, algava peo

pidulikest pidulikem moment, nüüd
antakse tuksuv teadmine edasi põlvest põlve,
antakse edasi hääl, antakse punane veri,
ihude soojus, liikmete nurgeline liikumine,

antakse edasi vein, pühad taimed,
antakse kiri, märgid, tähed, taevas ja maa,
antakse kivid ja lohud, allikad, koopad,
antakse ruum, kosmos, kolm põõsast ja lind.

unwavering toward their target. It was the same each night,
warm bodies between sheets, sometimes
clinging to each other, wet, sticky,
sometimes restlessly moving,

sometimes nothing but quiet, open landscapes
resting in the moonlight. Sometimes, from the road,
the fading sounds of cars could be heard
through the open window, the wind would rustle in the trees,

or someone would shout in an empty square
between concrete blockhouses. All of this belonged, organically,
to the composition of the object. Sometimes the people went to bed
early, talked, hugged, smoked.

Sometimes toward morning, when everyone
was getting ready for work in a rush, flailing,
they suddenly fell asleep like soldiers.
The wallpaper tore itself from the wall, the paint peeled off the floor.

But each time, curiosity. Each time
the smell, already detected by the time the object
had formed, the composition of today's blood
already known, the nymphs trembled with excitement,

prepared to shed their fifth husk.
The old bugs started to move, broad
sloped shields swaying rhythmically.
It was a party, the beginning of a party, the most festive

moment of the party about to begin,
the throbbing knowledge to be passed on from generation to
    generation,
the voice to be passed on, the red blood passed on,
the warmth of the bodies, the angular movement of the joints –

the wine passed on, the sacred plants,
scripts, signs, letters, sky and earth passed on –
stones and hollows, springs, caves passed on –
space, cosmos, three bushes and a bird passed on.

Antakse kehade labürint. Antakse kirves.
Kõike seda lutikad teadsid. Nemad olid valmis.
Kohe lahvatab silmapiir, sirgub maailmapuu,
kohe kerkib meri, põhja sukeldub kobras.

9 1.1.4

Öö täitsa tume. Täitsa tume öö.
Mõtle ta veel tumedamaks.
Ära enam mõtle. Mõtle nüüd,
et öö on täitsa hele, heledam kui päev.

Valgus on tants. Aga öö on täis tantsu,
nähtamatuid kiiri, mida meie ei näe,
aga öösel ei näe ju muidki asju.
Kiired kiirgavad, nähtamatud, ja tantsivad.

Seal on üks koht, kus antakse silmad.
Uued silmad. See pole religioon.
See on girelioon, noliergio, usk
neile, kes ei usu ilma silmadeta.

Öö on täitsa tume. Mõelda vaid.
Mõtle veel tumedamaks. Vaata tumedamaks.
Tumedad silmad. Kui palju nad veel näevad,
see on heledam kui päev, ära enam mõtle.

10 1.2.1

Täiuslikkus on lihtne.
Mina tahan nii vähe, et seda
peaks olema lihtne saavutada,
ometi olen sunnitud ütlema:

mitte midagi. See on käes
ja täiesti täiuslikult. Küllap
on täius saavutatud! Miks
ta siis on veel kuskil? No

The labyrinth of the bodies to be passed on. The ax passed on.
The bedbugs knew all this. They were ready.
Any minute the horizon would burst into flames, the tree of
  the world would grow,
the sea would rise, the beaver would dive for the bottom.

9 1.1.4

A night utterly dark. A perfectly dark night.
Think it even darker.
Don't think any more. Now, think
the night is light, lighter than day.

Light is dance. But night is full of dance,
rays that we don't see,
but other things, too, are impossible to see at night.
The rays are radiant, invisible, dancing.

There is a place where eyes are given.
New eyes. It's not spirituality.
It's girelion, noliergio, belief
for those who don't believe without eyes.

The night is utterly dark. Just think.
Think it even darker. Look it darker.
Dark eyes. How much more they see,
it is lighter than day, don't think any more.

10 1.2.1

Perfection is simple.
I want so little that it should be
simple to achieve it,
still I'm forced to say:

nothing. It's completely, perfectly
at hand. It looks as though
perfection has been achieved! Why
does it remain somewhere? Well,

siin ongi konks. Täiuslikkust
on mitu tükki, need on täiuslikud
tükid, igaüks isemoodi täiuslik
ja mina ka. Terve täiuslik tükk.

Tükike. Ma ei mäleta, millal voodi
oli sedasi akna all, et nägi otse
hommikul voodist oravat männioksal.
Ta sõi käbi, keerutas seda käes.

20 1.4.3

Vaata teda. Mispärast see mees on kurb?
Kas juhtus midagi? Ei tea. Võib-olla küll.
Võib-olla tõesti. Võib-olla tõesti juhtus.
Aga võib-olla ei. Võib-olla ta polegi kurb.

Võib-olla see oli eile. Aga võib-olla mitte.
Võib-olla küll. Võib-olla paar päeva varem.
Võb-olla mitte kunagi. Võib-olla ükskord siiski.
Sai lolli moodi joodud. Võib-olla rohkem kui vaja.

Võib-olla vähem. Oleks pidanud jooma rohkem.
Seal oli ju järv? Miks sa järve tühjaks ei joonud?
Aga võib-olla järve polnud. Oli hoopis jõgi.
Võib-olla hoopis meri. Võib-olla ei olnudki vett.

Võib-olla see oli üks tüdruk. Võib-olla teine.
Kas juhtus midagi? Ei tea. Võib-olla küll.
Aga võib-olla mitte. Sai hoopis lolli moodi joodud.
Aga võib-olla ei. Võib-olla seal polnudki vett.

69 4.3.2

„Ai!" „Palun vabandust."
„Ai! Palun vabandust." „Ai!"
„Palun vabandust." „Miks?"
„Palun vabandust, et ma sind hammustasin."

there's the rub. There are several pieces
of perfection, perfect
pieces, each one perfect in its own way,
and me too. A whole perfect piece.

A little piece. I don't remember when the bed
was under the window so that it was possible to see
from bed in the morning, a squirrel on the branch of a pine.
It was eating a cone, spinning the cone in its paws.

20 1.4.3

Look at him. Why is this man sad?
Did something happen? I don't know. Maybe it did.
Maybe it really did. Maybe it really happened.
But maybe not. Maybe he is not sad.

Maybe it was yesterday. But maybe not.
Maybe it was. Maybe a couple of days earlier.
Maybe never. Maybe once after all.
One drank like a fool. Maybe more than was needed.

Maybe less. One should have drunk more.
There was a lake, right? Why didn't you drain the lake?
But maybe there was no lake. There was a river instead.
Maybe the sea actually. Maybe there was no water.

Maybe it was a girl. Maybe another.
Did something happen? Don't know. Maybe it did.
Or maybe not. One drank like a fool instead.
But maybe not. Maybe there was no water at all.

69 4.3.2

"Oh!" "Please excuse me."
"Oh! Please excuse me." "Oh!"
"Please excuse me." "Why?"
"Please excuse me for biting you."

„Ai, palun vabandust!" „Ai!"
„Palun vabandust! Ai!"
„Palun vabandust, et ma sind hammustasin,
kui sa ütlesid ai."

„Palun vabandust." „Miks?" „Palun vabandust."
„Palun vabandust, ai!" „Miks?"
„Palun vabandust, et ma ütlesin ai,
kui sa mind hammustasid."

„Ai!" „Palun!" „Vabandust!" „Ai!"
„Miks?" „Vabandust, ai!" „Palun vabandust,
et ma palusin vabandust,
kui sa ütlesid ai."

75 4.4.4

Hahetab juba. Juba hahetab.
Puudele ilmuvad oksad. Okstele ilmuvad lehed.
Lehtedele ilmub värv. Värvile ilmub toon.
Toonile ilmub sügavus. Sügavusse mahedus.

Põrandale ilmub vaip. Vaibale ilmuvad sussid.
Lauale ilmub klaas. Klaasi ilmub vesi.
Seinale ilmub tapeet. Tapeedile ilmub muster.
Riiulile ilmuvad raamatud. Raamatuisse ilmuvad kirjad.

Padjale ilmuvad juuksed. Juustesse ilmub nägu.
Näole ilmuvad silmad. Silmadele ilmuvad laud.
Laugudele ilmuvad ripsmed. Ripsmetele ilmub värin.
Värinale ilmub ekraan. Ekraanile ilmuvad unenäod.

Unenäod liigutavad võrkkesta ekraanil.
Sa liigutad küünarnukki. Ma puudutan sind.
Sa pöörad teise külje. Teki alla ilmub soojus.
Soojusesse ilmub uni. Unes ilmub päike.

"Oh, please excuse me!" "Oh!"
"Please excuse me! Oh!"
"Please excuse me for biting you
when you said oh."

"Please excuse me." "Why?" "Please excuse me."
"Please excuse me, oh!" "Why?"
"Please excuse me for saying oh
when you bit me."

"Oh!" "Please!" "Excuse me!" "Oh!"
"Why?" "Excuse me, oh!" "Please excuse me
for excusing myself
when you said oh."

75 4.4.4

Dawn has already broken. Already, dawn has broken.
Branches appear on the trees. Leaves appear on the branches.
Colour appears on the leaves. Tone appears in the colour.
Depth appears in the tone. Softening into the depth.

A rug appears on the floor. Slippers appear on the rug.
A glass appears on the table. Water appears in the glass.
A tapestry appears on the wall. A pattern appears in the tapestry.
Books appear on the shelves. Letters appear in the books.

Hair appears on the pillow. A face appears in the hair.
Eyes appear on the face. Lids appear on the eyes.
Lashes appear on the lids. A shiver appears on the lashes.
A screen appears in the shiver. Dreams appear on the screen.

Dreams move on the screen of the retina.
You move your elbow. I touch you.
You turn over. Warmth appears under the blanket.
A dream appears in the warmth. The sun appears in the dream.

* * *

kes veel tuleb meiega kaasa
kui on nähtamatu õhtu

kui nähtamatu päike loojub
nähtamatu silmapiiri taha

kõigil on nii palju tegemist
et hingatagi ei jõua

ei jõua silmigi sulgeda
ühtki mõtet mõelda ei jõua

ometi on nii palju aega
et kiiret üldse ei ole

kaasa võib tulla igaüks
kes ilma sündida jõuab

kes seni pole veel sündinud
see jõuab sündida veel

sündida isegi mitu korda
ja tulla sündimatagi veel

* * *

lehed aga tasa kahisevad kahisevad
kõik filosoofid on liblikad

liblikad kõik on filosoofid
nad õpetavad natuke lendamist

kõrgele lennata pole vaja
kaugele lennata pole vaja

õielt õiele liblelt liblele
kuhugi jõuda pole ju vaja

* * *

who else will come with us
when it is the invisible evening

when the invisible sun sets
behind the invisible horizon

everyone has so much to do
that there is not even a chance to breathe

no chance to close your eyes
no chance to think so much as one thought

still there is enough time
that there is no need to rush

everyone can come along
who makes it into the world

those who have not been born yet
will have time to be born

to be born many times
and to arrive without being born

* * *

the leaves are but quietly rustling rustling
all philosophers are butterflies

butterflies are all philosophers
they teach a little bit of flying

there's no need to fly high
there's no need to fly far

from blossom to blossom from blade to blade
there's no need to end up anywhere

lennata on vaja otsekohe
kui tuleb lendamise tuju

* * *

kui kaugel see kõik alles on kui ilus
on maailm kui päike süüakse ära

ja elu on ilma leegita küünal
ja leek on ilma varjuta vari

ja see on nii kohutav nagu astuks
mänd uksest sisse ja ütleks tere

ja tema järel kuusk ja rebane
teod suudlevad üksteist kaharatel okstel

teie vist elate siin teie vist teate
miks lumi on nimi miks lumi on maailma nimi

* * *

üks õde läks tammega taevasse
seal elas jääst peaga naine ja kaks tütart

tamm ülene taevas alane tamm ülene
taevas alane nõnda ta tammele laulis

jääst peaga naine sulas üles ta pea oli järv
ja juuksed jõed ojad allikad

jahimees tuli ja võttis õe naiseks
maa peal oli kõik nagu muistegi

vist on jäänudki vist ongi muistne aeg
tamm alane taevas ülene vesi vesi

it is crucial to fly as soon as
one has the urge

* * *

how far all this is how beautiful
is the world when the sun is eaten

and life is a candle without a flame
and flame is a shadow without a shadow

and it is as horrible as if a pine
were to step in through the door and say hello

and after it a spruce and a fox
snails are kissing each other on fluffy branches

you probably live here you probably know
why snow is a name why snow is the name of the world

* * *

one sister went to heaven with an oak
a woman with a head of ice and two daughters lived there

oak above sky below oak above
sky below so she sang to the oak

the woman with a head of ice melted her head was lake
and her hair rivers streams springs

a hunter came and married the sister
on earth everything was the same as in old times

maybe it is still the old times
oak below sky above water water

TRIIN SOOMETS

PHOTO: © JURI J DUBOV, 2015

TRIIN SOOMETS was born in 1969 in Tallinn and studied Estonian philology at the University of Tartu. Her debut collection, *Sinine linn* (The Blue City) was published in 1990, and her next major collection, *Soon* (Vein) appeared ten years later in 2000, and consisted of poems from three collections published in the first half of the 1990s and a fourth collection, *Pidurdusjälg* (Skid Mark) published in 1999. This volume established her as an important player in the sphere of contemporary Estonian literature, with a highly distinctive style of writing. Her next collection *Toormaterjal* (Raw Material, 2004) was awarded the prize of the cultural weekly *Sirp*.

Since then, she has had four collections published – *Väljas* (Out, 2006), *Varjatud ained* (Hidden Material, 2009), *Unerong* (Sleep Train, 2013) and *Asjade omadused* (Qualities of Things, 2013) – and a poetry book for children *Miks sul pole saba?* (Why Don't You Have a Tail?, 2012). Her poetry has been published in twenty-two different languages, including Hindi and Arabic in addition to most of the main European languages.

Triin Soomets has received a number of prestigious awards for her poetry, including the Juhan Liiv annual prize for poetry (2000 and 2009), the Ivar Ivask Memorial Prize (2010) for *Varjatud ained*, and the annual award of the Estonian Cultural Endowment in 2014.

Her poems are here translated by Miriam McIlfatrick-Ksenofontov.

* * *

Minu nuga on tupest tõmmatud,
minu nimi on maailma laubale lõigatud,
minu sõna on teis öeldamatu, unustamatu,
minu keha on varjamatu, kustutamatu.

Mina olen laps, naernud ja nutnud kes armatsemist nähes,
mina olen loom, joobunud kes noore vere lõhnast,
mina olen kohtunik, mõistnud kes süüdi igaühe,
mina olen süüdimõistetu, vaenlane, valetunnistaja, vägistaja, värdjas.

Minu sõna on seniöelduist kõige ilusam ja ilgem,
minu käsi teie kaelal on kõige julmem ja leebem,
minu mõte on kõikidest mõtetest kõige õigem,
sest
mina olen teie ammuoodatu, igatsetu, armastatu

* * *

Kui oma preilit nägi vannis teenijanna,
siidpaela pillas lõhnavasse vette,
must mantel õlgadel, läks nutma peeglituppa.

Siis preili tuli, põlvitas ta ette
ja tahtis oma pead ta sylle panna,
lõhn kibuvitste kuumal meelekohal.

Ja kisendas ja tõusis teenijanna,
et käsikaudu leida peegelust,
mis tagasi viiks teenijatetuppa.
Ta vaevalt jõudis yle selle läve,
kui nägi seintel õudset peegeldust
ja tuba kitsus kirstuks.

Ja magas pime peegel mustas siidis.
Pitskindas käsi vaevu puutus kylma pinda,
kui peegel katki tõmbas kinda.
Seal tuli teenijanna, randmes unejanu
ja unes nägi paradiisi.

* * *

My knife is drawn from its sheath,
my name is carved on the brow of the world,
my word in you is inexpressible, unforgettable,
my body is inerasable, inconcealable.

I am the child who chuckled and cried at the sight of love,
I am the animal drunk on the scent of young blood,
I am the judge who sentenced all and sundry,
I am the condemned, enemy, con artist, rapist and bastard.

My word of all ever spoken is the most lovely and ugly,
my hand on your neck the most cruel and gentle,
my thought is of all ever thought the most true,
for
I am your long-awaited, longed-for beloved.

* * *

When the maid saw her mistress in the bath
she let a silk ribbon slip into the scented water,
cloaked in black, she wept her way to the mirror room.

Then came her mistress and knelt before her
wanting to lay her head on her lap,
the scent of wild rose warm on her temple.

And the maid shrieked and leapt up
to grope her way to the mirror door
that would lead her back to her room.
She had barely crossed the threshold
when she saw grim reflections on the walls
and the room grew narrow as a coffin.

And the dark mirror slept in black silk.
A lace-clad hand had just brushed the cold surface
when the mirror shredded the glove.
Then came the maid, sleep-thirst in her wrist,
and dreamt of paradise.

* * *

Rohelise täiskuuga
leian su huulte pealt
varjatud ilusat haigust.

Tee mulle seda suuga,
kyll ma suudlen su suult
kaheksa kosmose maigu.

Miski enam ei maitse,
vaadata enam ei või
teisi kui iseend.

Kyll ma kustutan suitsu,
vastan kõik kirjad,
kui kuu on kahanend.

* * *

Lakei, su saapad läigivad,
su rihm on ruskelt lai.
Ma selle rihma pärast vist
su järel käin, lakei.

Või selle poisi pärast, kes
seal baaris kurvaks jäi,
kus suudlesime säärikuid
me sinuga, lakei.

Garçon ei võtnud raha, sest
muud maksis see kokteil.
Me lahkusime vaikides
ja nutsime, lakei.

Lakei, su saapad läigivad,
su rihm on ruskelt lai.
Just selle rihma pärast vist
su järel käin, lakei.

* * *

Beneath a full green moon
I discover upon your lips
hidden handsome disease.

Do this to me with your mouth
and I will kiss from there
the eight-cosmos taste.

Nothing has flavour now,
I cannot look any more
other than at myself.

I *will* put out my cigarette,
and I *will* answer my mail,
as soon as the moon has waned.

* * *

Lackey, your shoes are shining,
and your belt is brownly broad.
Maybe because of this belt, lackey,
I'm tagging along after you.

Or because of that boy perhaps
who grew so sad in that bar
where you and I, lackey,
were kissing knee-high boots.

The garçon took no money then,
for that cocktail cost something else.
We left in silence, lackey,
and then we began to cry.

Lackey, your shoes are shining,
your belt is brownly broad.
Maybe because of this belt, lackey,
I'm tagging along after you.

* * *

See oli puhas vesi,
puhtam kui kunagi.
Ta võttis paljakäsi,
ta võttis põhjani.

Jää sulas suve algul,
et valus oli silm,
kuus korda vajus kaldu
ta põhjatu maailm

ja selle sulavalu
ta peale valati.
Ta võttis paljajalu.
Ta võttis alasti.

* * *

Kõik tabas, siis möödus, siis meenus:
olen otsas, kuid mitte päris,
kuni kestab mäng, luu ja veri.
On miski, mis veel pole möödas.

Maa pöörles ja heitis varju
mu meelde, veel iha, veel raha
mind meelitas pulma ja purju.
Mu keha, mu ilus keha!
Ma tahtsin nii palju –
kõik nii narr, nii lihtne ja vähe,
ja kui sinagi, surm, pole suur,
vaid peotäis roosteseid mynte,
olen otsas, kuid mitte päris,
olen vaba, kuid mitte valmis.

* * *

And the water was pure
purer than ever.
Cupped in bare hands
supped to the last.

Early summer ice thaw
was sore on the eye,
its bottomless world
sank aslant six times.

and all the molten pain
poured out upon her.
She went barefoot.
She went naked.

* * *

It all hit the mark, slipped by, then back:
I'm at my wit's end, but not altogether,
while game and bone and blood endure.
There is something that is not yet past.

The earth spun and cast shadow
in my mind, still desire, still money
enticed me into wedlock and wine.
My body, my gorgeous body!
I longed so much –
it's all so silly, so simple and scant,
and even if you, death, are no big deal,
just a fistful of rusty coins,
I'm at my wit's end, but not altogether,
I'm free, but not ready.

* * *

Ma jään su silmateral sätendama,
ma jään su maastikule – kuigi puudun -,
ma jään su kergeid kirju kätte saama
ja kohtukutseid.
Sest see seos ei muutu –
tundmatu taime nõtke, murduv lõhn,
yks tuju, mõne värvi kokkukõla –
ma jään su maastikule, kuigi mujal,
ööudu jahedus, ta mahl su ainsal ehtel.

* * *

Näen – armsam pöördub tagasi,
teist kasvu ja teist kuju,
kuid valmis nagu alati
mu täitma iga tuju.

Ning kuigi ta on tugevam
ja teisest soost kui varem,
mu silmist soove lugema
ta pole halvem-parem.

Kui lahkudes ta tõstab käe:
head aega! õnne sulle! –
ta huuled sosistavad: näed,
ma tulen jälle.

* * *

vihm, vihm sajab minusse.
kõik mu klaasid on lennanud puruks.
tähed sätendavad mu paljastatud sydamel,
lind paneb võpatama mu pilgu.
see siin on minu laul:
sel sekundil, kui tahan olla, lakkan olemast,

* * *

I linger glittering on the pupil of your eye,
I linger on your landscape – though absent –,
I linger to receive your light letters
and summonses to court.
For this connection does not change –
an unknown plant of supple, brittle scent,
a mood, an accord of colours –
I linger on your landscape, though elsewhere,
the cool of night mist, its juice on your only jewel.

* * *

I see my lover is doubling back,
another body, another build,
but as ready as always
to see my whims fulfilled.

Though stronger than before
and now of another gender,
as a reader of desires in my eyes
neither worse nor better.

A hand is raised on leaving
good-bye! good luck! –
and lips whisper: you see,
I do come back.

* * *

rain, rain spills into me.
all my glasses have shattered.
stars sparkle on my naked heart,
a bird startles my gaze.
this then is my song:
at this very second, when I want to be, I cease to be,

mu tasakaal on mööduja ekslevas mõttes, nooruki tujus.
tyhi on mu tugi, tähtipeegeldav klaas, aga teadmatut tähendust
    täis.
kui kõnelen, kiirus ja kaugus naeravad: nõus.

* * *

Su lõin ja leidsin
Su valguses enese õige,
kuni Su valu
mind ehmatas: Sa oled elus.

Vihm mu kätele varises,
tuul vapustas mu keha.

Sa oled teine.

* * *

Ainult pimedus ja varjud,
võbelevad silmanärvid
veidra vapustuse hirmus.

Vahelduvad maad ja arvud,
kaovad varjundid ja värvid,
määndub sõrm ja tuhmub sõrmus.

Horisonti lõikab hommik,
kõik on tardunud ja kiivas,
nagu ootaks und või armu.

Kaovad aastad nagu tunnid,
yhtki jälge ei jää liiva,
ykski vorm ei heida varju.

my balance lies in a passer-by's wandering mind, in a young
   man's mood.
my support is spent, a star-reflecting glass, filled with unmade
   meaning.
when I speak, speed and space laugh: agreed.

     * * *

I formed you and found
rightness in your light,
until your pain
alarmed me: you are alive.

Rain tumbled onto my hands,
wind rocked my body.

You are other.

     * * *

Only darkness and shadows,
eye nerves begin to twitch
in fear of some strange shock.

Countries and numbers vary,
colours and nuances vanish,
a finger rots and a ring dulls.

Morning slices the horizon,
all is congealed and askew,
as if waiting for sleep or mercy.

Years disappear like hours,
no trace remains on the sand,
no shape casts any shadow.

* * *

Kuhugi minna ei ole,
kus Sina mind juba ei oota
pilkava põhjusena,
mu vastuse kysimus.

Võrdsena, vankuvana
võtan vastu Su väljakutse
kohtuda korraga kõiges,
hukkuda teineteises
või muutuda.

* * *

Kõigeks on põhjus.
Tee, too ja tunne.
Ainult mind mitte –
sihitisest
pöördusin tegusõnaks.
Mind ei saa kätte,
sihi kui täpselt tahes.
Olen sinu ja sihtmärgi vahel.

* * *

Sõna on tegu
sest tal on tagajärg
järjekordne maailm
täis võimalusi, varje, valet ja lõhnu
täis sõnu
millest igayhel on tagajärg
millest sa mõtled
ei julge öelda
mõte on tegu
sest tal on tagajärg
järjekordne maailm
täis võimalusi, varje, valet ja lõhnu

* * *

There is nowhere to go,
where you are not lying low
like a sneering reason,
my answer's question.

Like an equal, a teeterer,
I accede to your entreaty
to meet and agree on all
to vanish in each other
or evolve.

* * *

Everything has its reason.
Go, get, grasp.
Just not me –
from object
I turned into verb.
You cannot catch me,
however precisely you aim.
I am between you and the target

* * *

Word is deed
for it has effect
the following world
full of choices, shadows, deceits and scents
full of words
each one with its effect
each one in your thoughts
you dare not say
thought is deed
for it has effect
the following world
full of choices, shadows, deceits and scents

täis sõnu
jne

* * *

Kui keegi ei saa sulle pihta,
ei taba sind enam,
siis oled vaba.
Kellegi kujutlus enam ei määra su kuju,
kellegi vääratus enam su võimu ei väära.
Valu ei ole enam
su mõistatus, mälestus, määratlus.
Siis oled vaba.
Keegi ei talu sind kaua,
su külma ja kuuma.
Keegi ei saa sinust aru.
Siis oled viirastus.
Kellegi teise elu,
kellegi mõõdud ja määrad.
Kui vaatad endale silma,
siis kaotad aru.
Kellegi teise elu,
kellegi piirid ja pahed,
tahe ja tegu,
ruum,
tyhi.
Siis oled väljas.
Enam ei lähe kaua.

my estonian

serviti lapiti
pikuti paiguti
laiguti lõiguti
kõiguti pakuti

laiuti soiuti
puhati kohati

full of words
and so on

* * *

If no-one can get you,
or nail you anymore,
then you are free.
No-one's fantasy defines your form,
No-one's lapse deprives you of power,
Pain is no more
your mystery, memory, meaning-making.
Then you are free.
No-one will stand you for long,
your fire and your frost.
No-one will fathom you.
You will be an illusion.
Someone else's life,
their measures and means.
If you look yourself in the eye,
you will lose your mind.
Someone else's life,
their limits and vices,
will and ways,
space,
void.
Then you're out.
In no time at all.

MY NATIVE LANGUAGE

edging weftwise
likewise longwise
lopped-off longshot
slipshod offering

wholesale moaning
meantime sleeping

halati salati
ometi alati

viiliti iiliti
hoiti oiati
piiluti kiiluti
määriti vääriti

käiati äiati
põigati põigiti
keerati pöörati
piirati kiirati

kuulati keelati
pooliti hooliti
kooriti kõõriti
võõriti uuriti

seeriti sõõriti
virrati vooriti
vallati hullati
veeriti vahiti

ohiti raviti
riivati suruti
reedeti riigiti
oodati uluti

paluti kõigiti
laasiti liisuti
paariti viiruti
naiti nõiuti

võiti võluti
hooti hoomati
õieti arvati
viimati vaadati:

salguti valguti
alati lahti
veeti määrati
kuulati tuulati

secretly weeping
albeit equally

windblown honing
groaning beholden
peeking obliquely
severely besmeared

grindstone rhinestones
dodgy dislodging
twisted lurching
encircled hurtling

overheard deterred
half-done loved one
close-tied cross-eyed
outside inquired

seething wheeling
whirlpool weaving
rampant romping
seesaw seeking

breathless tending
offensive assailing
stately betrayal
awaited wailing

beguiling begging
debarking debunked
couples queuing
betrothal bewitched

appointed anointing
piecemeal perceiving
rightly insightful
veracity vouched

herded horded
always lowly
carried collated
winnowed wording

vehiti magati
jupiti puhati
õhtuti kohtuti
kiiguti hõiguti

kohati külati
kolati kilati
kallati emmati
kõrvuti veedeti

päeviti raadati
teisiti öösiti
sunniti sünniti
mõisteti mõneti

karjuti kõlguti
puhuti põleti
anti panti
võeti aeti

tögati tükati
lükati viuhti
pihiti tihuti
vihuti kooti

tallati vokiti
kokati kallati
konnati kunati
jännati jäeti

hinnati ajuti
üksiti kummati
sammuti samuti
süviti suviti

paariti luusiti
loositi laeti
hetkiti süüviti
avati loeti jne

dashing dozing
sporadic repose
evening convening
signally swinging

tramping townlands
thudding tremolo
swigging hugging
timely together

labouring daily
nightly unlikely
forcefully firstborn
somewise savvy

hanging harangue
blurrily burning
pawned unspawned
arrival driven

bitty bantering
zip supplanted
blubbered blurting
backlash batches

treddle turning
tipping ladles
toady traipsing
tinker tailored

vaguely valued
singly doubly
dubstep dusted
summer sundered

twosomed loafing
loaded lottery
momentous immersion
open folio and so on

ELO VIIDING

PHOTO: © JURI J DUBOV, 2015

ELO VIIDING was born in 1974 in Tallinn into a dy-
nasty of writers; her grandfather Paul Viiding wrote
both prose and poetry, while her father, Juhan Viid-
ing, was one of Estonia's most innovative poets of the
1970s. Her first three poetry collections – *Telg* (Axis,
1990), *Laeka lähedus* (The Casket's Closeness, 1993)
and *Võlavalgel* (In the Light of Debt, 1995) – were pub-
lished under the pseudonym Elo Vee, and it was not
until 1998 that she published a collection, entitled *V*,
under her own name.

As well as poetry, she has also published collec-
tions of short stories or novellas which are more like
prose poems: *Ingelheim* (1995) and *Püha Maama* (Saint
Mama, 2008).

Elo Viiding's poetry has been translated into Eng-
lish, German, French, Russian, Hungarian, Swedish,
and Finnish, while she herself translates poetry from
other languages into Estonian.

An accomplished violinist and a graduate actress
from the Estonian Institute of Humanities, she is re-
garded as one of the most interesting and distinctive
poets of contemporary Estonia.

Elo Viiding's poems have here been translated by
Adam Cullen.

TEISALEJÄÄMINE

Sul polnud vist teist võimalust. Päritolult
oled meile omane.
Pind.
Et jääksid elama, sulatavad sinu omaksed verd jääst,
ja päev päevalt tõusevad hommikul,
et raputada maha. Et antaks üks päev,
mis pole halvem ega parem.
Lihtsalt
ellujäänu. Vajame ellujäänuid.
Et helistada ja leppida aeg kokku,
sest igaühe number on tähtis.

Sinu võimalused: korjata oma asjad kokku.
Ja kuni sul ei ole lepingut, on sul vari.
Ainult tilgutioht võib sind päästa.
Vägivallanõela ja verega ravitakse siis su
vägivalda ja verd
intensiivravi palatis. Seal on kõik
meeltekorrused korraga, kust
sa kõrgemale ei jaksanud minna ega ennast toetada, näha –
see ongi pelgulinn. Sinna me
oma jalga ei tõsta.
Sopasest lammest peegeldub metskoeralõust.
Oled tüsistus. Kõrvaline võib seda öelda: kirjandus
kubiseb neist.
Sinu eellaste lood on alati loodud.
Sul pole vist muud kui
oodata karjuseid.

Nad tulevad jääga, kähedaga su kõris,
lastes end oodata raudvoodil istudes, küsid, kui palju veel langeb
sealt, kust
langeb.
Liuvälja ja surnukambri, redeli üle on
vaskne vanakuu.
Ole rahulik. Sina,
kõvu depootablette kui neelad,
lood verd. See uueneb, kohiseb, riskib, tuleb
sinust – see pole võõras.

RELOCATING

You probably had no other chance. You are one of us
by origin.
Surface.
To keep you alive, your loved ones melt blood from ice,
and rise in the morning day after day
to shake it off. So one day no
worse nor better might be given.
Simply
a survivor. We need survivors.
To call and agree on a time,
because everyone's number is important.

Your chances: gather up your things.
And as long as you have no contract, you have a cover.
Only the danger of an IV can save you.
Your violence and blood
will be treated with a violence-needle and blood then
in the intensive-care ward. All the
levels of the senses are there at once, from which
you hadn't the strength to rise higher or hold yourself up on, to see –
that *is* safe haven. We will not
set foot there.
A deformed dingo face is reflected in the muddy flood plain.
You are a complication. An onlooker could say it: literature
teems with them.
Your predecessors' stories are always natural.
You probably can do nothing but
await the screams.

They come with ice, with hoarseness in your throat,
having you wait, sitting on an iron bed, you ask how much more
     it will drop
from where
it is dropping.
A copper old moon is above
the ice rink and the morgue, the ladder.
Be calm. You,
when you swallow hard depot tablets,
are making blood. It renews, rustles, risks, comes
from you – it is not foreign.

Ja kõik, mis tuleb, on siinsamas,
kui oled lamanud kaua. Või on need karjused.
Nad lamavad su kõrval.

* * *

Kõigest on võimalik rääkida.
Ainult mitte sellest.
Kaastunne, pimedad varjud
kombekohaste kurbuste kohal,
mida ei väljendata.
Mitte midagi ei öelda,
kui sõnad ei ulatu keeleni,
kurk kuivab ja jalad kannavad valu
kõrgesse katedraali,
kus mind vaatavad su silmad.
Kõigekõrgema asemel
käärkambri hämaras nurgas
tonksan su olematut põlve
pikk ja pime on lähedus,
siis kui ta nimetame

FEMINISTLIK LUULETUS

Aeg on küps, peeglid on puhtad
ja vannitoast on välja lohistatud laibad.
Teie aeg on teie küpsus, peeglid ja mõrvatud.

Te olete naine.
Saate asjadest teistmoodi aru.
Otsite headust sealt, kust olete ta võtnud.

Kristlik maailmavaade, armastus, halastus, andestus,
tantsivad oma hea mälu rütmis. Ja mehed tahavad
tantsida, naised vaikida. Tema tahab elada. Ta tahtis
elada juba siis, kui te sundisite teda istuma
koos selle filmitähega ühes lauas ja tal oli häbi.

And everything that is coming is right here
when you have lain long. Or are they screams.
They are lying next to you.

     * * *

Anything can be talked about.
Just not that.
Sympathy, dark shadows
over the customary woes
that are not expressed.
Nothing is said
when words do not extend to the tongue,
the throat dries and legs carry pain
into the high cathedral,
where your eyes observe me.
In place of the Almighty
in the dusky corner of the sacristy
I tap your non-existent knee,
proximity is long and dark
when we name it

A FEMINIST POEM

The time is ripe, the mirrors clean
and the corpses dragged from the bathroom.
Your time is your ripeness, mirrors and the murdered.

You are a woman.
You understand things differently.
You seek goodness from where you've taken it.

A Christian worldview, love, mercy, forgiveness,
they dance to the rhythm of their good memory. And men want
to dance, women to keep quiet. She wants to live. She already
wanted to live when you forced her to sit
at the same table as that film star and she was ashamed.

Ta ei olnud uhke, tundis ängistust ja ainult teda vaadatigi,
sest tal on kitsad puusad ja ta ei rasestu tihti. Ta tahtis elada,
aga enam ta ei taha. Nüüd peab ta elama ainult
                                     iseenda läbi,
peab elama nii, et sunniksite külalisi
istuma tema lauas. Ja ta saab oma võõrastest vabaks,
kes said oma torke hilja,
kuid siiski. Te saite ta. Millegi
mille mõju ta mõistab, olles
väiksem kui ta ise. Siis kui tal on pohmelus. Siis
kui ta ei kirjuta ridagi.

Eelmises elus elasite Portugalis ja teil
läks hästi, ah, sarnanete
seriaalilohedest kõige vanematele, kõige. Hei, talle on kasvanud
    teie käed
ja jalad, need takerduvad õhus, tahtes teda kägistada!

Ja kui ei oleks enam õhku, ei teaks
vigaste ajaloost keegi. Ta ei teinud teile viga:

those were the 'days of innocence,
ja espresso hilineb. Te vaatate teineteist üle laua.
Sotsiaalsed sidemed nagu teie käed ja jalad
õgivad ise ennast.

Teie lips on liiga otse.
Ka minu oma.

SEE

See on vältimatu, möödapääsmatu.
Sellel ei ole kuju kui ta hilineb
tuleb tulevikku pidi välja
väljendudes mineviku keeles.
Naise värisev keha ja vereringeta käed,
hoopis teine temperament, hoopis teine õud.
Hirm ja ebakindlus põletavad vere
ja kuulsad varjud tema selja taga pikenevad
kui tuleb lühike öö.

She was not proud, she was anguished, the centre of attention
because she has narrow hips and does not often get pregnant.
    She wanted to live,
but no longer wants to. Now, she only has to survive herself,
has to live so that you'd force guests
to sit at her table. And she will be rid of her callers,
who got their jabs in late,
but still *did*. You got her. Something
she understands the effect of, being
smaller than she herself. Whenever she is hung over. Whenever
she writes not a single line.

You lived in Portugal in a past life, and you
did fine, ah, you resemble
the very oldest of serial dragons, the very… Hey, she has grown
    your arms
and legs, they freeze in the air, wanting to choke her!

And if there were no more air, no one
would know of the hurts' history. She did not hurt you:

those were the days of innocence,
and espresso's running late. You stare at each other across the table.
Social ties like your arms and legs
devouring themselves.

Your tie is too straight.
Mine, too.

IT

It is unavoidable, inevitable.
It has no form when it runs late
it comes out by way of the future
expressing the language of the past.
A shaking female body and hands with no circulation,
a completely different temperament, a completely different horror.
Fear and uncertainty scorch the blood
and the famous shadows behind her back lengthen
when the short night comes.

Vanaema õlad ja lihtne oktoobrihommik
hakkavad peaaegu meelest minema.
Suur raske uni täis kaotajaid ja võitjaid
raiub maha naise kolmanda lohepea.
See räägib iseendaga ja sedagi võõrkeeles
läbi iseenda peab minema puhata soovimata.
Ja need kiuslikud iluasjad, ja kahanev nagu kuu
oma mustlögases iseeneslikus abordis,
nad ei tea, kuhu peita oma armastus naise pilgu eest.
Nad oskavad olla leebed ja tappa kätt tõstmata.
Nad sosistavad mehenimesid ja naisenimesid,
aga nad ei mäleta aega mil kõva ja selge häälega
rääkisid inimesed.
See tõuseb idast ja sellega peab tulema toime,
see tuleb nagu tahab ja teeb naisest teise,
hoop hoobi järel tahab tõusta lööja käsi.
Aga ammu enam ei ole vahet, mis on see.

MINA OLEN MORAAL

Kasiino on muidu moraalne
aga kui homod käivad seal mängimas
osutub "see paik" ebamoraalseks
sest "nemad" käivad "seal" mängimas
televiisoris räägivad papp ja psühhiaater
papp ütleb et kõik on vaenlased tänapäeval
psühhiaater ilmselt ei oska selle koha pealt
sõna võtta saade saab otsa siit moraal
vale on moraalne kui me hiljem tunnistame
et valetasime ja valetame jälle kuskil maailmas
ei loeta eesti ja soome kirjandust meie peame
lugema kõikide maade ühinenud sopakaid
kus
asotsiaal saab politseinikult peksa sutenöör
läheb maksuametisse sukasääres pomm

see kes tuleb läbi tulest ja veest omal jõul
osutub meile ohtlikuks kähku kus on meie moraal
löödu tõusis püsti kähku kus on meie moraal
hiilige selja tagant et ta saaks meile andestada

Grandmother's shoulders and a simple October morning
almost start slipping from memory.
A great, difficult dream full of losers and winners
chops off the woman's third dragon-head.
It talks to itself, what's more in a foreign tongue,
must go through itself without desiring rest.
And those spiteful ornaments, waning like the moon
in its slimy black spontaneous abortion,
they don't know where to hide their love from the female gaze.
They know how to be meek and to kill without lifting a finger.
They whisper men's names and women's names,
but they do not remember the time when people spoke
in a strong and clear voice.
It rises from the east and must be coped with,
it comes as it pleases and makes another out of a woman,
the beater's hand wants to rise blow after blow.
But what it is has long been of no consequence.

I AM THE MORAL

A casino is by and large moral
but if queers go to play there
"that place" turns out to be immoral
because "they" go "there" to play
a priest and a psychiatrist talking on television
the priest says everyone is enemies these days
the psychiatrist is apparently unable to
comment on that the programme ends that's the moral
a lie is moral if we later admit
that we lied and we lie again somewhere in the world
Estonian and Finnish literature isn't read we have
to read the collective trash of all countries
where
a bum is beaten by a police officer a fuse
goes to the tax board with a bomb in its stockings

whoever comes through fire and water on his own
turns out to be a danger to us all of a sudden where is our moral
the beaten stood up all of a sudden where is our moral
creep from behind our backs so he can forgive us

sest see kes meile ei anna andeks põleb põrgus
isegi tänapäeval kahekümne esimesel sajandil
põleb kirjanik põrgus sest tema raamatuid loevad kõik
mõrtsukas aga istub pilve peal ja sööb spetsiaalselt
veini kõrvale määratud juustu
sest tema tappis ainult ühe inimese
tapmine ei ole m
oraalne

surmanuhtlus aga on ebaeetiline sektid on pahad
olgugi et nad on "moraalsed" ebaõiglus tuleb andestada
aga õiglus on ebamoraalne kirjandus on muutunud
arusaamatuks meie vajame tõde mitte sotsialoogiat
meie naerame sotsioloogide üle ahhahhaa
soss-sepad
küberseksi kabinet on läinud kallimaks inimesed
muutunud vägivaldseks alistujad hakkavad koputama
südametunnistusele mõistus valutab keldris
on mobiiltelefoni levi halb ei saa pihiisaga rääkida
meil on moraalne õigus lihtsa inimese tuppa tulla
ja see kõlbmatuks kuulutada armastage ligimest
sest ligimene on meid alati heale järjele aidanud
ligimene lõi harmoonilise muusika seevastu
tänapäeva noortel ei ole mingeid veendumusí
põhimõtteid
neil on seisukohad
linnaelu ei võimalda midagi sügavat ja puhast sest

prantslased olid head
ja inglased tuimad
iirlased meile meeldivad
serblased on meist kaugel
nende sümboolika ei ulatu meieni
sakslased on meie võimalus
soomlased teevad meid rikkaks
hiinlastele oleme igavesti võlgu
venelased peavad integreeruma
muutuma prillidega vene noorteks
moraalseteks pankuriteks
eestlased on paganad
sellepärast et nad on vaesed
moraal on kõrgel
neoon

for whoever does not forgive us burns in hell
even these days in the twenty-first century
the writer burns in hell because everyone reads his books
but a murderer sits on a cloud and eats cheese
that's specially meant to be had with wine
because he only killed one person
the killing is not m
oral

the death penalty however is unethical sects are bad
no matter that they are "moral" injustice must be forgiven
but justice is immoral literature has become
incomprehensible we need truth not sociology
we laugh at sociologists ahaha
flop-smiths
the cybersex office has become pricey people
have become violent surrenderers starting to tap
on your conscience sense is hurting is the cell-phone
signal bad in the basement I can't talk to my confessor
we have the moral right to enter a simple person's room
and declare it unfit love your neighbour
for our neighbour has always got us onto good footing
our neighbour made harmonious music today's youth
on the other hand have no convictions
no principles
they have standpoints
city living doesn't enable anything deep and pure because

the French were good
and the English dull
the Irish we like
the Serbs are far away
their symbolism does not reach us
the Germans are our opportunity
the Finns make us rich
we are forever in debt to the Chinese
the Russians must integrate
turn into spectacled Russian youth
into moral bankers
Estonians are pagans
because they are poor
moral is neon

PEPSI
issand halasta peab vist minema
jälle kellelegi võlga tasuma
peab pilgu jälle maha lööma sest
politsei tunneb kristlust ja vangid
on meie sõbrad aitame inimesi
mis meil ülerahvastatusest raudse
loogikaga fanaatikud on meie
päästjad ajakirjanikud on meie
lapsehoidjad meie ise oleme
kadedus on meie sugutung kadedus
on meie eluiha kadedus
on liikumapanev jõud kadedus
on surmatung kadedus kadedus kadedus
mo raal
modellid on lollid materialistid
ei pääse Paradiisi kaanele
mood on saatanast
saatan on moes
anna mulle moraali kuulus mees
mina saan viljastatud
mina
olen
riigiarhiiv riigi afäär mina
olen huvitava elulooga naispoliitík
mina olen armastuse
müstifikatsioon
moraalne varajagamine

teismelise trauma
rauga trauma traumade
trauma mina olen
naine mina olen mees
mina olen Moraal

PEPSI
on high
lord have mercy probably should go and
pay off a debt to someone again
should cast down our eyes again because
the police sense Christianity and inmates
are our friends we help the people
we have fanatics with iron
overpopulation logic are our
saviours journalists are our
babysitters we ourselves are
jealousy is our sexual lust jealousy
is our passion for life jealousy
is a motivating force jealousy
is a lust for death jealousy jealousy jealousy
mo ral
models are stupid materialists
won't get on the cover of Paradise
style is from Satan
Satan's in style
give me morals a famous man
I will be fertilized
I
am
the state archive a state affair I
am a female politician with an interesting life-story
I am love's
mystification
a moral splitting of assets

a teenager's trauma
the elderly's trauma a trauma
of traumas I am
a woman I am a man
I am Moral

* * *

Olin sel õhtul üksi nagu paljud
ja sama palju oli minus üht,
kõik mis mind jälitas, võttis paljude kuju,
mitte ükski polnud eriline, kõik olid nagu kõik.
Ma mäletan, et ma küsisin, miks mina,
justkui ma mäletaksin, miks just mina ja ma kisendasin.

Jalutasin ühiselamu eest mööda, majal oli kaks külge,
kaks pirni mädanes kõnniteel, kaks lauda oli löödud
                                                          akende ette
aknast paistsid kaks meest, kaks naist, kaks last,
kaks puud, kaks ohvrit, kaks kilekotti, kaks õlut,
                                                          kaks kuldketti
nii ahvatlevas ümbruses! Nii teravalt olin üks. Lisasin sammu,
                                                          miks just sina?
Nuga lööb seda, kes jookseb verd.

Teadsin korraga täpselt, miks mina. Siia saab sündida
                                                          eelkõige selleks,
et okastraadile jalg taha panna, oodata nagu needus oma
                                                          minekut ja tulekut,
aega, mil näha oma nägu veelgi selgemalt, kaotada mälu ja
                                                          teha kõik heaks.
Või teha minekut. Või näidata näpuga.
Olin sel õhtul üksi nagu paljud
ja sama palju oli minus üht,
kõik mis mind jälitas, võttis paljude kuju,
mitte ükski polnud eriline, kõik olid nagu kõik.
Ma mäletan, et ma küsisin, miks mina,
justkui ma mäletaksin, miks just mina ja ma kisendasin.

Mis see siis ikka ära ei ole siin nii väga olla, öeldi mulle,
selles riigis janu maksab ja suured südamlikud mööndused
marsivad su mõistusesse küsides, kas tahad elada või surres
alistujaks tunnistatud saada. Kas tahad meie õhku.
Ma tahan tänada kõiki, kes rääkisid mulle tapmisest ja
ajaloolistest kangelastest, ajaloolistest näidenditest,
ajaloolistest romaanidest, ajaloolistest isikutest,
ajaloolistest, ajaloolistest, kui hästi ma neid mäletan!
See oleks olnud nagu eile, tühi koolimaja,

* * *

I was alone that night like many
and there were as many loners within me,
all that pursued me, took the form of many,
not a single one was special, all were alike.
I remember I asked – why me,
as if I were remembering why me exactly, and I shrieked.

I walked past the dormitory, the building had two sides,
two pears rotted on the pavement, two boards were nailed
                                        over the windows,
in the window were two men, two women, two children,
two trees, two victims, two plastic bags, two beers,
                                        two gold chains
in such a tempting environment! I was so sharply one. I picked
                                        up my pace, why *you*?
The knife strikes the one who bleeds.

I suddenly knew exactly why me. You can be born here
                                        foremost in order
to set foot behind the barbed wire, to await your past and future
                                        like a curse,
the time to see your face even more clearly, to lose memory and
                                        make it all right.
Or to make an exit. Or to point the finger.
I was alone that night like many
and there were as many loners within me,
all that pursued me, took the form of many,
not a single one was special, all were alike.
I remember I asked – why me,
as if I were remembering why me exactly, and I shrieked.

So what about it out not that much to being here, I was told,
thirst pays in this country and great heartfelt compromises
march into your mind asking whether you want to live or be
recognized a capitulator in dying. Do you want our air.
I want to thank everyone, who told me about killing and
historical heroes, historical plays,
historical novels, historical personalities,
historical historicals, how well I remember them!
It was just like yesterday, an empty schoolhouse,

kus löödi risti esimese klassi õpilane,
kellel polnud raha.
Olin sel õhtul üksi nagu paljud
ja sama palju oli minus üht,
kõik mis mind jälitas, võttis paljude kuju,
mitte ükski polnud eriline, kõik olid nagu kõik.
Ma mäletan, et ma küsisin, miks mina
justkui ma mäletaksin, miks just mina ja ma kisendasin.
Mäletan oma ristluude alandusi,
mäletan iga sisserännanud venda ja õde, kes mu juurde tuli
viisamurega
ja lasi mind seejärel mu tõekspidamiste koopas mädaneda.
Aga ma püsin vait, et mind
risti ei löödaks

Olin sel õhtul üksi nagu paljud
ja sama palju oli minus üht,
kõik mis mind jälitas, võttis paljude kuju,
mitte ükski polnud eriline, kõik olid nagu kõik.
Mäletan, miks just mina ja ma kisendasin.

Aga ma ei mäleta,
millise Vastuse sain. Küllap lükkavad nad kivid eest,
siis on kergem.
Mida ma nendega siis peale hakkan?
Veeretan tagasi. Kellegi teise ette.
Löön käega ja teen, nagu oleks mind ilmaasjata nähtud,
aga enne tõmban neid alt nagu jaksan, irvitan,
võitlen oma igapäevase masenduse eest,
peaasiet hoian omasuu kinni, pügan heki ühetasaseks,
käed risti rinnale asetan ja vaatan, et mu valgus ei paistaks
silma.

MINA, PROGRAMM

Kõiki huvitab kõik. Jäta
meelde – see on
ajastu programm –
vaidlustamatu,
tungiv. Nende
ajalehtede ramm.

where a first-grade student who had no money
was crucified.
I was alone that night like many
and there were as many loners within me,
all that pursued me, took the form of many,
not a single one was special, all were alike.
I remember I asked – why me,
as if I were remembering why me exactly, and I shrieked.
I remember my sacra's humiliations,
I remember every immigrant brother and sister who came to me
                                        with a visa problem
and afterward had me rot in a cave of my convictions.
But I stay silent so as not
to be crucified.

I was alone that night like many
and there were as many a lone within me,
all that pursued me, took the form of many,
not a single one was special, all were alike.
I remember – why *me* and I shrieked.

But I don't remember
what kind of answer I got. Doubtless they'll push the stones away,
then it'll be easier.
What will I do with them, then?
I'll roll them back. In front of someone else.
I shrug and pretend I was sighted for naught
but first, I double-cross them as my strength allows, sneer,
fight for my daily depression,
as long as I keep my mouth shut, trim the hedge evenly,
cross my arms over my chest and make sure my light does not shine
                                        in your eyes.

I, PROGRAMME

Everything interests everyone. Keep
in mind – it is
the era's programme –
inarguable,
relentless. The might
of those pages in time.

Peab saama läbi selle programmiga,
peab *saama*, pihta. Jäta
meelde – kõiki huvitab kõik.
Ahnust huvitab kõik, mille all
on ajastu
autogramm.

Programmikohaselt on
teatav hulk vahendeid
ära rääkida mõni objekt,
kaela määrida
mingi projekt,
tuleb teha viimane
samm:
ärevalt läbides tajuväravaid,
valvsuse hambulisi kardinaid.
Vastu? Kaalule?
Läbiotsimisele –
nagu masinaid huvitaks
gramm.

Programmi raames
pole võimalik
mööda hiilida
väikestest muudatustest.
Pole võimalik tõega
pääseda hingest,
lootusest
muule.

Lõuad pidada – jõuab,
viimaks, valiva teadvusse,
küsib – masinad nõuavad –
kas on sul kavas
pääseda
tervenisti või osaliselt? –
irvet mehhaanilist
juhtimas *push up*
intellekt,
kollektsionääri loomus,
kurjuse
kullafond.

You've got to make it through with that programme,
got to *make* it, count. Keep
in mind – everything interests everyone.
Everyone is interested in greed, at the bottom of which
is the era's
autograph.

According to the programme
there is a certain number of measures
to convince some subject,
to impose
some project,
the final step
must be taken:
anxiously passing through gates of perception,
through toothed curtains of watchfulness.
To counter? Balance?
To scouring –
as if a gram interests
the machines.

Creeping past
small changes
is impossible
in the programme's framework.
It is impossible to truly
escape the soul,
hope,
elsewhere.

To hold your tongue – it arrives,
at last, at a selective consciousness,
it asks – the machines demand –
do you intend
to escape
wholly or partly? –
push-up intellect,
the collector's nature,
a treasury
of evil
directing a smirk mechanical.

ERAELU ERAKORDNE TÄHTSUS

Mees läheb tööle. Vastu tulevad rinnad, kõht,
vaimne tervis, sääred, tuharad, sõjakurjategijate
ülesostja, perekeskuse uued perspektiivid,
kõht.
Naine läheb tööle. Vastu tulevad
kõht, sääred, kõht, rinnad, tuharad, erapooletus,
sääred.
Mees tuleb töölt. Vastu tulevad rinnad, rinnad, kõht
sääred, tuharad, pööbel.
Naine tuleb töölt. Vastu tulevad
rinnad, ühe teraga mõõk, sääred, tuharad, sääred,
kõht.
Mees läheb tööle. Vastu tulevad tuharad, rinnad,
pension,
sääred, tuharad, sääred, suursaadik, eraelu
erakordne tähtsus.
Naine läheb tööle. Vastu tulevad rinnad, rinnad,
kõht, tuharad,
sääred, sääred, tuharad, intellektuaali roll
ühiskonnas, küsitlus: kas teie arvates on mõtet teha
ülearuseid liigutusi?, tuharad, rinnad, sääred, kõht.
Mees tuleb töölt. Vastu tulevad tuharad, tuharad,
sääred, kõht, sääred, rinnad, kõht, kõht,
maksumaksja raha, kõht.
Naine tuleb töölt. Vastu tulevad sääred – tuharad –
kõht – rinnad – sotsiaalabi. Sääred, sääred, sääred.
Mees läheb hauda. Vastu tulevad tuharad (?), rinnad
(?), priimula (?), sääred (?), kõht (?), 2 vakla,
politseinik (?), kõht.
Naine läheb hauda. Vastu tulevad mees (?), sääred (?),
tuharad (?), okas (?), rinnad (?), (??), mees, kõht (?),
naine?
Hauast, oma sügavusest, tulevad tuharad, rinnad,
sääred, kõht (ajakirja 'Monument' toimetajad),
lähevad hetkeks hingusele.

THE EXCEPTIONAL IMPORTANCE OF PRIVATE LIFE

Man goes to work. He meets breasts, stomach,
mental health, calves, buttocks, war-criminal
buyer, family health centre's new prospects,
stomach.
Woman goes to work. She meets
stomach, calves, stomach, breasts, buttocks, impartiality,
calves.
Man returns from work. He meets breasts, breasts, stomach,
calves, buttocks, rabble.
Woman returns from work. She meets
breasts, single-edged sword, calves, buttocks, calves,
stomach.
Man goes to work. He meets buttocks, breasts,
pension,
calves, buttocks, calves, ambassador, exceptional importance
of private life.
Woman goes to work. She meets breasts, breasts,
stomach, buttocks,
calves, calves, buttocks, intellectual's role
in society, poll: in your opinion, is there a point in
making unnecessary movements?, buttocks, breasts, calves, stomach.
Man returns from work. He meets buttocks, buttocks,
calves, stomach, calves, breasts, stomach, stomach,
taxpayer's money, stomach.
Woman returns from work. She meets calves – buttocks –
stomach – breasts – social welfare. Calves, calves, calves.
Man goes to his grave. He meets buttocks (?), breasts
(?), primrose (?), calves (?), stomach (?), 2 maggots,
police officer (?), stomach.
Woman goes to her grave. She meets man (?), calves (?),
buttocks (?), pine needle (?), breasts (?), (??), man, stomach (?),
woman?
From the grave, from its depths, come buttocks, breasts,
calves, stomach (editors of 'Monument' magazine),
they take a breather for a moment.

PUHTA ÕHU MINISTER

Keelata ära baarides suitsetamine
loomulikult mitte kodanike tervise huvides
(tehes korraks kaamerasse sellist nägu)
vaid selleks et riigi majandust
hoiaks ülal rohkem teovõimelisi orje

valvates kaaskodanikke
kontroll teise naudingu üle säilib

kas sinul on juba
ebameeldivate kinnisideede küüsis
tervislikkusest jäigad sõõrmed

mis nõuavad õhku nagu njuujorgis
puhast õhku, mitte
mingit gaasi
väljaspool kambreid ~

SÜDAMELTRÄÄKIJA AEG

Vaikite.
Järelikult:
mõtlete valesti. Töötate valesti, võib-olla vales kohas.
Peaksite hakkama kellegagi rääkima.
Peaksite rääkima. Et elada täisvereliselt,
nagu sõnad. Teil on naine. Mees. Jätke.
Teil on laps. Kõik on õnnelikumad kui
elate nii nagu sõnad elavad. Rääkige ausalt, siiralt,
edevalt. Unustage sotsiaalne paine, teie möla liiasus,
ainukordsus toob esile veel nähtamatuma, veel
tõesema tõe
silmakirjalikus ümbruses.
Alustage oma Suurest Loost. See tulevikkumädanev
korjus – elav, kihisev –
kannab teie nime.

MINISTER OF CLEAN AIR

Banning smoking in bars
naturally not in the interests of civil health
(pretending for the camera for a moment)
but so that more able-bodied slaves
might prop up the state economy

control over another's recreation is maintained
by watching over fellow citizens

do you already have
nostrils stiff from healthiness
in the clutches of unpleasant obsessions

nostrils demanding air like in New York
clean air, not
some gas
outside of the chambers

THE DIVULGER'S AGE

You stay silent.
Consequently:
you are thinking wrongly. You are working wrongly, maybe
      in the wrong job.
You should start talking with somebody.
You should talk. So as to live full-bloodedly,
like words. You have a wife. A husband. Quit it.
You have a child. Everyone will be happier if
you live like the words live. Speak honestly, genuinely,
vainly. Forget social ordeal, the excessiveness of your jabber,
exceptionality highlights the even more unseen, the even
truer truth
in superficial surroundings.
Start with your Big Story. That body
rotting into the future – living, bubbling –
has your name on it.

Rääkimine on seks. Kes seda ei teaks.
Tehke seda hästi. (Teil pole mingit vajadust ennast
tagasi hoida.
Vaadake, milliseks on teid muudetud,
iga päev nõutakse teilt.)
Tegelikult ma tahaksin sinuga sellest rääkida,
ma helistan ja tungin meie asjadesse. Jumala eest,
raamatute nimekiri, mida ma pidin sulle laenama,
on valmis. Lk. 8;
rääkides kiiresti ja leebelt, kasutades ühte intonatsiooni,
teades, millal saabub vestluses orgasm. Alustage
literatuurselt,

minge tasahaaval üle räämas eramaale. Karjatage.
Hukkuge. Kulmineeruv kõmu parandab
enesetunnet. Enesetunne rikastab, kõik rikkad on
võrdsed, kõik
rikkused – ärarääkimise vili. Kõik viljad on
teraapilised, asjata pole südamelträäkija aeg, ja
nautige vilju, mis käsivad veel! nautida.

Lõpetage vaikimine, pange endale ükskord nimi!
Alustage
Suurest Loost. Jõudke oma maetud kuulajani.

Talking is sex. Who doesn't know it.
Do it well. (There's no need for you to hold
yourself back.
Look at what you've been turned into,
something is demanded of you every day.)
Actually, I'd like to talk to you about that;
I'll call and delve into our affairs. For goodness' sake,
the list of books I was supposed to lend you
is ready. p 8;
by speaking quickly and mildly, using a single intonation,
knowing when the orgasm will come in conversation. Start
literarily,

cross over onto the foul private property bit by bit. Scream.
Perish. The culminating gossip will improve
the way you feel. The way you feel enriches, all rich people are
equal, all
riches – the fruits of persuasion. All fruits are
therapeutic, the age of the divulger is not in vain, and
enjoy the fruits that still command to be enjoyed.

Stop your silence, give yourself a name one of these days!
Start
from the Big Story. Reach your buried listener.

JÜRGEN ROOSTE

PHOTO: © JURI J DUBOV, 2015

Jürgen Rooste (b. 1979) has lived in Tallinn all his life. He attended the Tallinn Pedagogical University (now Tallinn University) where he studied the Estonian language, and then taught literature in a school before becoming a literary editor, and working for the Estonian Writers' Union.

His first book, *Sonetid* (Sonnets), was published in 1999 and received the Betti Alver award for the best debut collection. A popular and prolific writer, he has since then published eleven collections, the most recent of which are *Laul jääkarudest* (A Song About the Polar Bears, 2012), *Higgsi boson* (The Higgs Boson, 2102), *Kõik tänavanurkade muusikud* (All Street Corner Musicians, 2013) and *Suur sume, suur tume* (Poetry, 2014). His poetry has appeared in many anthologies and collaborations with other poets.

Jürgen Rooste is a high-visibility figure in Estonian poetry, not least because of the distinctive way he presents his work to audiences, either 'reciting (that is humming, growling, shouting etc) his poems or singing them, invariably to the accompaniment of punk-rock music.

Jürgen Rooste's poems have here been translated by Adam Cullen.

LAULURÄSTIKUTE TULEMINE. PALVE

siksakkes heiklevad ne lõpmatud
rodud ja read

meie uskmatud – me rasked hommikupead

see on laulurästikute tulemine
mil linn on hingest tühjaks vooland
kõik elust säriseva endast välja
kooland mil linna sisim bluus on
pakitud ja pekstud
plastikusse ja plekkpurkidesse
kuskile kaugele kogumispunkti veetud
maha müüdud ära äritud
      järatud näritud neetud
haige ilma hulkuvate
peninukihulkade poolt

siis tulevad laulurästikud
et anda sellele linnale
uus hing ja hingamine
uus katkematu elupide ja
too puuduv idee

kõnniteed kobrutavad rästikute laulust
rästikud ripuvad postidel puudel ja
traatidel
      ripuvad katuseräästaist
ja punuvad pesi automootori sisimas
sisinas

nad täidavad linna oma lahvatava
lohutava lauluga
ja kõik ses kolekiires kolekeevas
põrundpöörases lollinnas vakatab
vaikib ja lakkab

see on laulurästikute tulemine
nad on nii ilusad ja metsikud
ne kehis kohiseb jõudu mis äratab õudu

THE COMING OF THE SONG-ADDERS. A PRAYER

their endless rows and files
glimmer in zig-zag

we the unbelieving – our heavy morning heads sag

it's the coming of the song-adders
when the city has poured its soul dry
of all that glimmers in life
croaked when the town's innermost blues is
packaged and pummelled
into plastic and tin cans
schlepped to a collection point somewhere afar
sold off hawked off
        gnawed chewed and cursed
by the packs of cynocephali
roving the sick world

then come the song-adders
to give this city
new breath and breathing
a new unbroken hold on life and
an idea that lacks it

pavements seethe with the adders' song
the adders hang over power lines posts and
trees
        hang from eaves
and weave nests in car engines' innermost
hissing

they fill the city with their spurting
soothing song
and everyone in that awful-fast awful-simmering
off-its-rocker city of fools hushes
silences and ceases

it's the coming of the song-adders
they are so beautiful and wild
in their bodies roars a force that stirs horror

ja ihalust
silmis sulatulena terendab lõpmatu lust

kõik see millest linn tühjaks on vooland

linna hing oleks kui koos laulurästikutega
tagasi roomand et ei kunagi enam –
enam kunagi ei saaks siin valitseda
pimeduse maaletoojad ja tühjuse turustajad
mandumismaaklerid ja nõmedusnõustajad

see on laulurästikute tulemine
linna sisemine põrgupõlemine
me ainuke lunastuslootus
linna laulurästikutepäeva ootus

HOMMIKUNÄGEMUS

tallinna lahel veikleb värve
päike veel madalas
taamal pirita teel tuhiseb
autotulesid kui väikseid valguspõrnikaid
meri on tume ja tüün

üks vana ja väsinud mees
astub üle selle veepinna-veetee
jäme köis üle õla:
enese taga veab ta üüratut laeva
ilma meeskonnata ilma reisjateta laeva

see tume ja väsinud vana mees
läbi me hommikuse maailma

ja keegi ei näe teda ei tee märkamagi
justkui poleks ses pildis miskit
ebatavalist
inimesed on isegi kuidagi kärsitud
– laevad ei saa ju väljuda
elu ei saa ju kulgeda ja juhtuda
kui tema nõnda sääl…

and admiration
immeasurable molten glee glints in their eyes

all that the city's run dry of

the city's soul seems to have slithered back
with the song-adders so that never again –
again never may the importers of darkness and
marketers of void, the agents of degeneracy and
advisors of idiocy rule here

it's the coming of the song-adders
city hell-fires burning all that matters
our only hope for redemption
awaiting the song-adders' ascension

MORNING VISION

colours glimmering on the bay of tallinn
the sun still low
whooshing on pirita road over yonder
headlights like little light-beetles
the sea dark and placid

an old and tired man
walks across that water-surface waterway
a thick rope over his shoulder:
behind him he hauls a massive ship
a crewless passengerless ship

that dark and tired old man
through our morning world

and no one sees him pays him no *heed*
as if there were nothing unusual
in that image
people are even impatient somehow
– the ferries cannot *set off*
life cannot carry *on* and *happen*
while he's over there like that…

aga ometi on ta justnimelt sääl
mustas mungakuues nagu leinarüüs
ning veab üle vee tohutut tühja laeva
ja koidukumas veikleb värve
milliseid me meelelaad ei tunne
ning veepeegelpind on nii sile
nii tüün
nagu tolle rahutu rõhutud linna jalamil
kunagi olla ei saaks

* * *

kui luuletust ei mõista enam lausuda
siis – semu – pöörita sa bluusi
ja tuleb noori tumeihulisi piigaid
su ümber nõtkelt hööritama puusi

ja nende tants on iha
    ja sinu laul on äng
neid kahte lihtsat liha
    saab ühendama säng

ning ainult ümbritseva ilma
                            luulekaugus
võib sinu püüdu pärssida
et leiad enda üksilduseaugus
kui kurbust sa ja kirge
                    üheks tahad värssida

DADAISTLIK RIIK

kui ma olin noorem
ei mõistnud ma kunsti
see polnud võimalikki sest ma
kasvasin keset teda
olin ise osake temast

but he's right over there regardless
in a black monk's cloak like in mourning wear
and hauling an immense empty ship across the water
and glimmering in dawn's glow are colours
the like of which our temper does not percieve
and the aqueous mirror's surface is so smooth
so placid
that it could never be
at the foot of that restless downtrodden city

* * *

when you no longer know how to speak poetry
then – buddy – go and spin the blues
and dark-skinned young gals will come a-calling
lithely to grind hips around you

and their dance is lust
   and your song is angst
the sack can unite
   those two simple flanks

and only the surrounding world's
                    poetic distance
may foil your endeavour
and you find yourself in a pit of lone existence
when you wish to rhyme
         sadness and passion both together

THE DADAISTIC STATE

when I was younger
   I didn't understand art
it wasn't even possible because I
grew up among it
was a particle of it, myself

ma sündisin nõukogude liidus
esimese ilmasõja ajal redutas kunstnikuhingega kommar
koos teiste sõjapõlgurite ja kunstnikega
zürichis

sääl – kesk kohvikuid ja kabareesid
sääl – kesk veinijoovastust ja oopiumikirge
erootiliste laengute
ja elektriliste lahenduste linnas
sündis dadaism

ja lenin – too kunstnikuhing –
sest kas veriste diktaatorite sääs
vähe on olnud poeete ja kunstnikke
žonglööre ja kloune
selgelnägijaid ja soolapuhujaid –
sääl nägi lenin duchampi

teate ju – duchamp
dadaist postmodernist *ready-made*-mees
rroosi selaviste

ta asetas näitusele pissuaari
ja nimetas selle fontääniks
purskkaevuks

ja lenin vaatas
ja nägi
et see hää oli

midagi sellist
midagi nii ilusat
nii erilist ja võimsat
tahtis teha temagi

ja tegigi
tegi terve riigisuuruse peldikupoti
mida meie – eestlased – vaatasime
kakskümmend aastat väljaspoolt

ja siis
siis pool sajandit ka seestpoolt
otse kunsti südamest

I was born in the soviet union
in the first world war, the commie with an artist's soul lay low
with the other war-scorners and artists
in zurich

there – amid cafés and cabarets
there – amid wine intoxication and opium passion
in the city of erotic charges
and electric solutions
dadaism was born

and lenin – that artist's soul –
for poets and artists
jugglers and clowns
seers and charlatans
have numbered few among bloody dictators –
that is where lenin saw duchamp

you *know* him – duchamp
the dadaistic postmodernist ready-made man
the mystical backbone of birds

he set a urinal in an exhibition
and called it a fount
a fountain

and lenin looked
and saw
that it was good

he wanted to make
something like that
something so beautiful
so special and powerful

and he *did*
he made an entire state-sized toilet bowl
that we – the estonians – watched
for twenty years from the outside

and then
then half a century from within, too
straight from the heart of art

ma tean –
kommunismi polnud olemas
vähemasti mitte nõukogude liidus
oli ainult dadaism

lenin ja duchamp
seotud sõpruses
ja igaviku valamukastis

too viiendiku planeedi suurune
peldikupott
mõjus fataalselt mu kunstimeelele
siiamaani ei saa ma lahti tundest
et elan nagu raamatus nagu filmis
nagu hiiglaslikus peldikupotis

ja varsti tõmbab kurja kunstniku käsi vett
tsssssahhhhhh-hrrrr-di!!!

KES VALVAB VABARIIKI?

mõnikord hommikuti on mul
hullukesel mure
et kas on ikka vabariik
eesti vabariik

küsin lapselt
kas tal täna emakeeletund on
on küll
siis on hästi
siis justkui on vabariik

trolliaknast kiikan igaks juhuks
toompää poole – kas ikka on eesti lipp
no on küll

vabariigi vabaduse väljakul (hiigelgaraaži katusel)
istub kunstnikeklubi avangardihõngses kõdukohvikus
vabaduse kella õrnahingeline
ja karmikoeline autor – peab ju olema vabariik

I know –
communism didn't exist
at least not in the soviet union
there was only dadaism

lenin and duchamp
linked in friendship
and in a toilet tank of eternity

that toilet bowl
one-fifth the size of the planet
fatally affected my artistic sense
to this day I can't shake the feeling
that I'm living in a book or in a film
or in a gigantic toilet bowl

and soon, the evil artist's hand will flush
cchhhhaahhhhh-hrrrr-di!!!

WHO GUARDS THE REPUBLIC?

sometimes in the mornings, I –
chump that I am – am worried
by whether there's still a republic
a republic of estonia

I ask my kid
whether she has estonian lessons today
she does
then it's alright
then there seems to be a republic

I sneak a glance towards parliament
from the trolley-bus window, just in case – is the estonian flag still there
it certainly is

sitting in the artists' club's avant-gardeish decay-café
on the republic's freedom square (the roof of a giant garage)
is the gentle-souled and rough-woven
author of the freedom clock – there *must* be a republic

aga siis kuulen jälle raadiost
või telest (või loen lehest) mõnd
ministrit või meeri
ja poole kõhedam hakkab

siis tuleb tunne et see on
kõik mu pääs
ja mu põrund sõprade päädes –
see eesti vabariik

aga olgu mis ta on
eelistan elada tos võluvas
psühhootilises pettepildis
kus on vaba ja on riik – aina ja alati

kriis pidi ju olema majanduses
mitte vaimus
nii sain ma aru
nii mulle räägiti

nõnda laulsid rästikud mu unedes
nõnda kõnelesid koletised videvikutunnil
oma koobastes
linna rentsleis

AUTOD TEEVAD VIHMA

tuleme poisiga lasteaiast
vist ta kolmas või neljas pääv sääl

jääme vihmahoo kätte
suure autotee ääres

poiss (ta pole veel kolmgi)
ütleb vapustatud ilmel:

„hämmastav et nad nii teevad"

„kes teevad" ei saa mina loll aru

but then again I hear some
minister or mayor
on the radio or tv (or read them in a paper)
and half get the creeps

then comes the feeling that it's
all in my head
and in my loony friends' heads –
that estonian republic

but be it what it may
I prefer living in that charming
psychotic deception
where there is freedom and a state – always and forever

the crisis supposed to be in the *economy*
not in spirit
that's how I understood it
that's what I was told

so sang the adders in my dreams
so spoke the monsters at dusk
in their caves
in the city's gutters

CARS MAKE RAIN

my boy and I are coming from the nursery
probably his third or fourth day there

we get caught in a downpour
along a busy road

my boy (he's not even three yet)
says with a look of shock:

"it's amazing that they do that"

"who does" asks I, the fool

„autod"

„mida nad teevad?"

„noh et vihma sadama hakkas"

ja me läheme läbi autode tehtud vihma
kahekesi kodu poole

seljas kapuutsidega dressipluusid
ümiseme vihma
            ja autostraadade bluusi

ÜKS ASI MILLELE MÕTLEMA HAKKASIN PÄEV PÄÄLE MU VANATÄDI SURMA

kas tahate teada
miks eestlased erilised on
tahate ma räägin
nad elavad terve elu otsa
üksteise kõrval
suutmata öelda et nad
armastavad
ja kui üks neist sureb
helistavad nad oma lähedasele
ja nutavad toru otsas
oma hääletut nuttu
ja tahavad öelda
et armastavad
aga ei suuda
nad elavad viiskümmend aastat
või enamgi
võõra võimu all
ja kirjutavad ikka
oma napakas keeles luuletusi
sellepärast on nad eestlased
sellepärast ma neid armastangi
isegi kui vahel väga
vihkan

"the cars"

"what are they doing?"

"well, that they make it start raining"

and the two of us walk homeward
through the car-made rain

wearing hoodies
we hum the rain-
              and motorway blues

ONE THING I STARTED THINKING ABOUT A DAY AFTER MY GREAT-AUNT'S DEATH

do you want to know
why Estonians are special
do you want me to tell you
they live their whole lives through
next to one another
unable to bring themselves to say that they
love one another
and when one of them dies
they call their relatives
and weep their soundless sobs
into the receiver
and want to say
that they love them
but they can't
they live fifty years
or even more
under foreign rule
and still write
poems in their loony language
that's why they're Estonians
that is why I love them
even when I can't
stand them sometimes

MINU ISA MAA

ühe kunagise kommunisti maalapp ja majake
paar aakrit mu vana-vanaisa karjamaadel Suurupis
seegi pangale võlgu

saksa lambakoer tore tütrenääps nooruke naine
uputus keldris ja külmuvad veetorud
auto jukerdab hanges ei taha käima minna

töö aga mis töö see on
ikka veel linnavalitsuses (kunagi oli see täitevkomitee)
poliitilisis tõmbtuulis oo tõmbtuulis

tervis pole kiita
ikka vererõhk ikka üks neer ikka süda jukerdab
aga inimene tahab ju magusat tahab grillvorsti ja õlut

mu isa maa on tilluke
ja kunagi ei jää see isegi minule
mul pole sellest muidugi sooja ega külma

nii ongi parem
me oleme nagu ilma juurteta lapsed
oma isade maadel

oleme tiitlita ja pärandita
vaimust vaene ent enese üle uhke
aadel

eestlased neetud eestlased
ilus rahvas kaunis maa kole ilm
ilm nagu inimene – tujukas ja tuim

ilma vihkame me eestlased enim

kujutan praegu ette oma isa
ta viskab auto eest lund
auto on eestlasele ju armas

auto hanges – elu panges

MY FATHER'S LAND

a one-time communist's lot of land and a cabin
a couple of acres on my great-grandfather's pasturelands in Suurupi
even that owed to the bank

a German shepherd a wisp of a daughter a young little wife
a flood in the cellar and pipes that freeze
car's broken down in a snowdrift won't seem to start

work but what work is it
still in city government (it was once the executive committee)
in the political draft oh in the draft

health not much to brag about
still the blood pressure still one kidney still a breaking-down heart
but a person wants *sweets* wants bratwursts and beer

my father's land is tiny
and it will never be left even to me
I'm neither hot nor cold about it of course

it's better that way
we're like rootless children
on their fathers' lands

we're titleless and inheritanceless
poor in spirit but proud of ourselves
nobility

Estonians damned Estonians
a beautiful people a lovely land nasty weather
weather like man – moody and dull

it's the weather we Estonians hate most

I'm imagining my father right now
he's shovelling the car out of the snow
cars are dear to Estonians you know

car in a drift – life in a rift

vaevalt paar aakrit maad
mu emapoolse vana-vanaisa
kunagisel karjamaal Suurupis

seegi pangale võlgu
lükkad lund – ähh elu
seegi jumalale võlgu

PÜHA JÜRI TEEKOND

ma olen 900 000 aastat vana
ma olen ajast mil Prometheus
tõi meile – töllmokkadele – tule

ma mäletan – mäletan oma kontide ja luuüdiga

ma jõudsin esimesena siia Euroopasse
minus karusõnnikulõhnane mälu ulatub
aega enne te templeid ja paleesid ja bideesid

ma mäletan – mäletan oma maksa ja munadega

ma pruulisin esimese õlle lükkasin selle
esimese käruga lõkkeasemele ja laulsin sääl
esimese laulu

ma mäletan – mäletan oma keele ja ihukarvadega

oma kojas olen ma andnud öömaja
me issandale-lunastajale ning elanud üle
hämaraid aegu mil inimene miskit väärt polnud

ma mäletan – ma mäletan oma kehavedelike ja ihurakkudega

ma olen olnud darwini marxi nietzsche
freudi dadistide einsteini barthes'i schönbergi
ja elvise inimene ja see on mind muutnud

ma mäletan – mäletan oma elulaadi
                          oma käitumismustritega

hardly a couple acres of land
on my maternal great-grandfather's
once-pastures in Suurupi

even that owed to the bank
you shovel snow – ahh, life
even that owed to god

ST. GEORGE'S JOURNEY

I am 900,000 years old
I'm from the time when Prometheus
brought us – numbskulls – fire

I remember – remember with my bones and marrow

I was the first to reach Europe here
the bear-dung-smelling memory of mine stretches
to the time before your temples and palaces and chalices

I remember – remember with my liver and balls

I brewed the first beer pushed it
to the fire pit with the first cart and sang there
the first song

I remember – remember with my tongue and body hair

I have given lodging in my teepee
to our lord-redeemer and survived
the dusky times when man wasn't worth a dime

I remember – I remember with my bodily fluids and cells

I have been a man of darwin marx nietzsche
freud dadaists einstein barthes schoenberg
and elvis and it has changed me

I remember – I remember with my lifestyle
                    with my behavioural patterns

ma olen öelnud peast shakespeare'i
blake'i lord byroni puškini poe ja
majakovski värsse nind saanud üdini pühaks üdini jüriks

ma mäletan – mäletan oma sõnadega
                    sõnadega rohkem kui tegudega

ma olen rännanud eneses risti ja põiki
algatanud igas hingesopis mõne revolutsiooni või mässu
ning jätnud maha vaimutühermuid

ma mäletan – mäletan oma raamatutega
                    mäletan neis enam kui elus

ma olen armastanud ja hüljanud
ma olen mänginud ja võitnud ja mänginud
ja kaotanud – vahel kellegi tunnete kellegi hingega

ma mäletan – mäletan iga oma salgamisega
                    iga oma süüga

ja nüüd – nüüd olenma väsinud
veidi räsitud sellest teekonnast
aga ikka veel teel sinna

kuhu mu silm ei seleta

ma mäletan – mäletan iga oma tulevase eluviivuga
                    mäletan oma surmaga

sest püha jüri peab kohtuma
oma lohega – ja lohe käest ei küsita
ja jüri käest ei küsita

see vist ongi saatus
mõni ütleb et saatuse iroonia
aga see on juba liiasus

irve irve üle
muie mis muigab muigamist
naer äranaerdu pihta

I have recited verses by shakespeare
blake lord byron pushkin poe and
mayakovsky by heart and become utterly saint utterly george

I remember – remember with my words
                          with words more than actions

I have roamed criss-cross within myself
sparked some revolution or uprising in the depths of every soul
and left spiritual else-wastes behind

I remember – remember with my books
                          remember in them more than in life

I have loved and left
I have played and won and played
and lost – sometimes with someone's feelings someone's soul

I remember – remember with each of my denials
                          each of my faults

and now – now I am tired
a touch bedraggled from that journey
but still on my way there

to where my eye cannot discern

I remember – remember with each of my future life-instants
                          remember with my death

for saint george must meet
his dragon – and one doesn't question the dragon
and one doesn't question george

that probably is fate
some say the irony of fate
but that's already excessive

a smirk at a smirk
a snicker that snickers at snickering
a laugh at what begs not be laughed at

ma kuulen lohesoomuste klõbinat
kuulen ta tammumist-tuikumist-tulekut
oma koreda kiilaka kolju

siseküljel

I hear the clanking of dragon scales
hear its stomping-staggering-striding
its bumpy bald skull

on the inside

Doris Kareva was born in Tallinn in 1958, the daughter of composer Hillar Kareva. Having graduated from Tartu University in Roman-Germanic philology, she began work at the cultural weekly *Sirp* in 1979. From 1992-2008, she was the Secretary-General of the Estonian National Commission for UNESCO, and in 2006 was an alumna of the Iowa International Writing Program In 2011, she became the literary editor of *Sirp*, a post she held until 2013. She is now the literary editor of *Looming*.

Doris Kareva has not only published several books of poetry, a collection of essays and a book of prose, but she has also translated poetry, plays and essays (by Akhmatova, Auden, Beckett, Brodsky, Dickinson, Gibran, Kabir, Rumi, Shakespeare among others). She has compiled and edited anthologies, written essays, forewords and articles, texts for music and theatre, and has given lectures on culture, education and ethics in Estonia and abroad.

Her poetry has often been performed and staged. She has worked together with many Estonian as well as British composers, playwrights, musicians and choreographers.

Kareva's poems and essays have been translated into English, Russian, Italian, German, French, Spanish, Dutch, Norwegian, Icelandic, Finnish, Swedish, Czech, Slovenian, Slovak, Latvian, Lithuanian, Polish, Welsh, Scottish, Irish, Catalan, Hungarian, Romanian, Greek, Hebrew, Hindi, Bengali, Kannada and Thai. She has received two national cultural prizes in 1993 and 2005 and four literary prizes, and was awarded the prestigious Order of the White Star in 2001.

Eva Liina Asu-Garcia is from Tartu, Estonia, where she studied English and Swedish language and literature. She holds an M.Phil in Applied Linguistics and a PhD in Linguistics, both from the University of Cambridge. She has previously worked as a university lecturer and researcher in linguistics, and as a pronunciation linguist at the BBC in London. She currently holds a position of Senior Researcher at the University of Tartu, where her research focuses on the prosodic features of languages: intonation, word accents and rhythm.

Adam Cullen comes from Minneapolis, USA, and attended the University of Minnesota before studying abroad. He moved to Estonia in 2007 where he studied, and became fluent in, the Estonian language. His translation of Tõnu Õnnepalu's Radio (Dalkey, 2014) was nominated for the 2014 Cultural Endowment of Estonia's prize for literary translation. Cullen has also translated other works of contemporary Estonian prose, theatre, and poetry into English, including Mihkel Mutt's The Cavemen Chronicle, due to be published in 2015. He has been a member of the Estonian Writers' Union since 2014.

Kristiina Ehin has to date published six volumes of poetry, three books of short stories, a retelling of South-Estonian fairy tales and a book of poetic prose reflections on growing up in a small town in Soviet Estonia. Eleven of her books have been published in English translation. She is a highly acclaimed performer of her work and travels extensively around Estonia and abroad to present her poetry, prose and drama, often accompanied by musicians.

Mari Kalkun is a singer, musician, and composer whose work is based on her Southern Estonian roots. Her songs are largely her own compositions inspired by nature, Estonian poetry and folk music. Many of the lyrics were written between the 1920s and 1960s by local poets expressing a sense of rural life, the forests and the landscape. The flowing sound of the Estonian language and its dialects create a meditative atmosphere in her music intertwined with the traditional singing – *regilaul* – and folklore. She accompanies herself on the kannel, piano, accordion, guitar and sometimes also pipes, whistles and melodica.

ILMAR LEHTPERE has translated a number of Estonian works into English, including eleven books by Kristiina Ehin. Together they have won two prestigious awards for poetry in translation and have been nominated for another. Their collaboration is ongoing. His own poetry has appeared in Estonian and Irish literary magazines. *Wandering Towards Dawn* (Lapwing) is a volume of his and Sadie Murphy's poetry.

BRANDON LUSSIER's poems and translations have been published in *Harvard Review, Virginia Quarterly Review, North American Review*, and elsewhere. A former Fulbright Scholar and NEA fellow for literary translation, he works at Trinity College in Hartford, Connecticut.

MIRIAM MCILFATRICK-KSENOFONTOV is a translator and lecturer from Ireland who has lived in Estonia since 1991. Her scholarly interests include the poetics of translation, oral poetics and creative approaches to translating poetry. She translates contemporary Estonian poetry primarily for performance at festivals worldwide, and her translations have also appeared in a number of journals and anthologies. Together with Doris Kareva she co-edited the biling-ual anthology *Windship with Oars of Light* (Huma 2001) and *Rogha Danta* – seven Irish women poets in Estonian (Verb, 2005). Her own poetry has also appeared in Estonian literary journals in translation by Doris Kareva.

www.ingramcontent.com/pod-product-compliance
Lightning Source LLC
Chambersburg PA
CBHW020200090426
42734CB00008B/892